AF596826

PROJETS

DE

ROUTE ET DE CHEMINS

ÉTUDIÉS ET TRACÉS DANS LES FORÊTS DOMANIALES

DU HAUT-POIROT, DELYRIS ET DE ROUGIMONT,

(*Inspections de Fraise et de Remiremont*, Vosges.)

PAR MM. LES ÉLÈVES

De la première division de l'École royale Forestière, en juin 1845.

NANCY,

GRIMBLOT ET VEUVE RAYBOIS, IMPRIMEURS-LIBRAIRES,

PLACE STANISLAS, 7, ET RUE SAINT-DIZIER, 125.

—

1845.

NANCY, IMPRIMERIE DE VEUVE RAYBOIS ET COMP.

ADMINISTRATION DES FORETS.

ROUTES FORESTIÈRES.

ROUTE FORESTIÈRE ET CHEMINS DE VIDANGE A EXÉCUTER, POUR DESSERVIR LES FORÊTS ROYALES DU HAUT-POIROT, DE LYRIS ET DE ROUGIMONT.

DEVIS GÉNÉRAL.

N° 1.

DESCRIPTION SOMMAIRE

DE

LA ROUTE FORESTIÈRE ET DES CHEMINS

PROPOSÉS POUR LA VIDANCE

DES FORÊTS ROYALES DU HAUT-POIROT, DE LYRIS ET DE ROUGIMONT.

ARTICLE PREMIER.

Programme général des conditions à remplir.

1 La forêt royale du *Haut-Poirot* offre une surface de 615 hect., 69.

On y marque annuellement 6540 st, 00, en 7 coupes, dont 3200 st, 00 en bois d'industrie et 3360 st, 00 en bois de chauffage, dans lesquels on peut compter 1/3 de hêtre et 2/3 de sapin.

Les chemins pratiqués dans cette forêt offrent des pentes très-rapides et entraînent les adjudicataires dans des frais d'extraction considérables.

2° La forêt royale de *Lyris*, séparée seulement de la forêt précédente par le ruisseau dit *la Goutte-du-Roulier,* fait corps avec celle de *Housseramont*. Ces deux forêts sont divisées en 2 séries, la 1re série de 200 hect, 00, se compose des cantons du *Scellet*, du *Roulier* et de *Lyris* proprement dit : la 2e, de 241 hect, 00, de ceux des *Gandes*, de la *Grande-Voie* et de la *Roche-le-Loup*. 1450 st, 00 sont annuellement exploités dans les deux séries.

Savoir : bois de chauffage	hêtre.	200 st, 00
	sapin.	750 , 00
Bois de service	sapin.	500 st, 00

Les chemins qui desservent cette forêt sont d'un parcours très-pénible.

5° La forêt royale de *Rougimont* a une contenance de 585 hect, 94.

On y marque annuellement 4800 st, 00 savoir :

Bois de chauffage (hêtre et sapin)	3100 st, 00
Bois d'industrie	1700 , 00

Les bois de la forêt du Haut-Poirot et de Rougimont sont dirigés sur l'ancien chemin du *Belliard* au Tholy et de là, sur Épinal ou Remiremont.

La scierie du Haut-Scellet est affectée aux bois de la forêt de Lyris ; quant aux bois de chauffage, ceux du moins de la partie supérieure du plateau de Lyris, ils descendent vers *Sapois* et alimentent les populations inférieures et plusieurs usines importantes. Ceux des parties inférieures ont un grand avantage à descendre vers le Scellet, pour ne plus remonter, à rejoindre le chemin de grande communication de Gérardmer à Epinal et à se diriger, soit vers cette ville, soit vers la forge de Cleurie ou la ville de Remiremont, et sur les forges d'Uzemain, de la Seymouze, etc.

La question qu'il s'agit de résoudre est donc celle-ci : Substituer aux voies de vidange qui existent aujourd'hui dans les forêts ci-dessus désignées, un système de voies faciles et qui dégrèvent le plus possible les produits de ces forêts des frais considérables de transport qu'ils sont forcés de subir.

ARTICLE 2.

Dispositions générales.

Pour satisfaire aux conditions que nous venons d'énoncer, on s'est arrêté aux dispositions qui suivent :

1° *Forêt domaniale du Haut-Poirot*. Un chemin de vidange de $3^m,00$ de largeur (rigole comprise de $0^m,50$ de largeur sur $0^m,17$ de profondeur), avec élargissement de $2^m,00$ aux tournants, pour faire garre, desservirait les cantons de *l'Envers-du-Rupt* et celui du *Noir-Coin* et des *Tournées*; un second chemin de vidange, et de la même largeur, partirait du plateau des tournées, et se dirigeant vers l'ouest, sur le versant nord, se prolongerait jusqu'à la rencontre du chemin de la forêt de Lyris, après que celui-ci aurait traversé le ruisseau dit la *Goutte-du-Roulier*. Arrivé à ce point, ce chemin acquerrait une largeur de $4^m,00$ entre fossés et redescendrait sur le chemin de la scierie du Scellet, d'où les bois arriveraient facilement aux scieries du Belliard.

2° *Forêt domaniale de Lyris*. Un chemin de vidange partant du plateau de Lyris, au point dit la *Goutte-des-Chapeaux*, descendrait au bas du pré du Roulier et traversant le ruisseau, viendrait déboucher sur le chemin du Haut-Poirot, dont nous venons de parler. Ce chemin desservirait les cantons du Scellet, du Roulier et de Lyris, et dirigerait les bois, d'abord sur la scierie du Haut-Scellet, et de là vers Epinal et Remiremont.

3° *Forêt domaniale de Rougimont*. Un chemin de vidange de $3^m,00$ de largeur, fossés compris, et semblable à celui de l'Envers-du-Rupt, partirait d'un point de la forêt situé un peu au-dessous des coupes actuelles. Affectant d'abord une pente douce, il se dirigerait ensuite, d'un côté vers Gérardmer, et aboutirait à l'extrémité de la forêt qui descend jusqu'au chemin du bord du lac, et de l'autre, il viendrait descendre sur le chemin de grande communication de Gérardmer à Epinal, vis-à-vis les scieries du Belliard.

Nous allons donner les devis particuliers de cette route et de ces chemins.

ADMINISTRATION DES FORÊTS.

ROUTES FORESTIÈRES.

FORÊT DU HAUT-POIROT.

(Inspection de Fraize.)

CHEMINS DE VIDANGE PROJETÉS POUR DESSERVIR LES CANTONS DE L'ENVERS-DU-RUPT, DU NOIR-COIN ET DES TOURNÉES.

PAR MM. LES ÉLÈVES

BAUBY, BERNARD, DAGOURY, DE PONS ET DE POINCTES.

DEVIS GÉNÉRAL.

CHAPITRE PREMIER.

Devis descriptif des chemins à exécuter pour la vidange des cantons de l'Envers-du-Rupt, du Noir-Coin et des Tournées, situés dans la forêt domaniale du Haut-Poirot.

§ Ier.

Dispositions générales.

Le canton de l'Envers-du-Rupt et celui du Noir-Coin fournissent chaque année une coupe de 1000st,00 chacun. Celui des Tournées ne donne annuellement que 800st,00.

L'état de ces trois cantons est à peu près le même; l'ensemble forme une futaie mélangée de sapins, d'épicéas et de quelques hêtres sur les hauteurs. La croissance est belle, les deux tiers des produits fournissent du bois d'industrie. On peut en établir le tableau suivant :

Cantons.	Industrie.	Chauffage.	Somme.
Envers-du-Rupt.....	650st.	350st.	1000st.
Noir-Coin............	650	350	1000
Les Tournées.......	550	250	800
	1850st.	950st.	2800st.

Les chemins qui desservent aujourd'hui ces trois cantons sont au nombre de quatre. Les deux chemins qui desservent le versant ouest du canton du Noir-Coin, en suivant les deux rives du *Noir-Rupt,* sont les plus praticables, quoiqu'ils présentent presque partout des pentes de 0,11 et 0,12 p. 0/0 et souvent beaucoup plus; celui de la rive gauche aboutit au bas du canton des Tournées, dans la forêt communale, près du chemin de Belliard au Tholy, l'autre descend à la scierie de *Grange-Bas.*

Un autre chemin qui sépare les cantons de l'Envers-du-Rupt et du Noir-Coin, et le 4e qui descend sur le versant nord de l'Envers-du-Rupt, se dirigent également vers la scierie, mais avec des pentes qui les rendent presque totalement impraticables pour les voitures.

Ces quatre chemins seraient avantageusement remplacés par un autre, partant d'environ cent cinquante mètres au-dessous de la coupe actuellement en exploitation, dans les cantons de l'Envers-du-Rupt, au-dessous de l'Enclave des *Bloquez.* Ce chemin suivrait le flanc des versants nord de l'Envers-du-Rupt et du Noir-Coin, traverserait le ruisseau du Noir-Rupt, et le canton des Tournées en descendant sur le flanc de la *Grande-Montagne* jusqu'à l'ancien chemin de Belliard au Tholy. Ce chemin, qui pourrait être continué par la suite dans la partie supérieure du Noir-Coin, et se prolonger à l'autre extrémité, desservirait maintenant aussi le versant ouest du Noir-Coin ; car il coupe les deux chemins déjà cités, au-dessus des endroits les plus impraticables de leur parcours.

Ce chemin tracé, avec une pente uniforme de $0^{m},07$ par mètre, aurait un développement de $1639^{m},45$, par lequel on s'élèverait à une hauteur de $115^{m},23$ et aurait $3^{m},00$ de largeur, compris la rigole latérale de 0,50, excepté aux tournants où il devra avoir $4^{m},00$, fossés non compris (1).

Il a été tracé par la première section de la première division de l'Ecole royale forestière en 1845, pendant la première quinzaine de juin.

§ II.

ARTICLE PREMIER. *Corps de route.* — Le n° 1 du tracé est placé à la limite de la forêt royale et de la forêt communale, à trois mètres au-dessus du chemin existant, en prolongeant le tracé, à travers la forêt communale, sans rencontrer de difficultés ni un grand nombre d'arbres à abattre; avec la même pente de $0^{m},07$ on arriverait à la sortie du chemin sur l'ancien chemin du Beillard au Tholy.

Les n^os suivants sont placés sur le flanc de la montagne. Le terrain ne présentant pas de grandes difficultés, l'axe reste constamment appuyé sur le terrain; on trouve seulement partout des blocs de granit, qu'il faudra déplacer ou casser, si leurs morceaux sont jugés pouvoir être utiles.

Le n° 19 est placé près d'un ruisseau dit la *Goutte-du-Noir-Rupt,* que l'on traversera au moyen d'un dalot de $0^{m},50$ d'ouverture. En continuant le cheminement avec la pente de $0^{m},07$, on arrive au point 22, où le lit du Noir-Rupt est plus resserré et moins profond que vis-à-vis le point 19, mais on ne peut plus remonter davantage le cours du ruis-

(1) La pente a été déterminée d'après un 1er nivellement qui a donné 117 m, 34 de différence de niveau entre le point de départ et un point situé fort près du point d'arrivée indiqué dans le calepin de cheminement.

seau sans forcer la pente; c'est donc là qu'il faut traverser.

Pour arriver au pont qui devra être jeté sur le Noir-Rupt, on a dû s'écarter du premier tracé entre les points 19 et 22, afin d'éviter un tournant beaucoup trop brusque. On est donc forcé de faire quitter à l'axe la surface du sol, et de porter la route tout entière en déblais. Le point 20 sera rejeté à droite, et le chemin devra y prendre une largeur de 4^{m},00 au lieu de 2^{m},00 entre les fossés; le raccordement se fera entre les points 19 et 18, sur une longueur de 20^{m},00.

Le point 22 conservera sa position. Le tracé, ainsi fait entre les points 19 et 22, offre un plus grand développement, qui permettra de diminuer la pente avant d'arriver au pont et au tournant, ou de la maintenir de 0^{m},07 jusqu'au pont, pour la diminuer sur la chaussée et rendre le pont horizontal.

Le point 23, situé de l'autre côté du ruisseau, est à 23^{m},00 du point 22. Ces deux points seront réunis par un remblai et un pont, dont on vient de parler. Ce point est rejeté un peu à gauche du premier tracé.

Le chemin monte alors dans le canton du Noir-Coin, avec la même pente et sur un terrain semblable à celui de la première partie. Entre les points 23 et 24, ce chemin reprend sa largeur de 3^{m},00, fossés compris. Il ne sera pas traversé par les eaux descendant de la montagne, qui s'écouleront dans le fossé, après avoir été réunies dans des rigoles. Le point 23 est situé sur le 2e chemin du Noir-Coin; le point 33, sur le chemin qui sépare le Noir-Coin de l'Envers-du-Rupt. Le tracé continue jusqu'au point 50 que la pente un peu moins rapide du coteau a indiqué pour l'emplacement d'un coude, qui pourra être assez élargi par suite de la diminution de la pente en cet endroit. Du point 49 au point 52, la route devra avoir quatre mètres entre fossés, comme au premier tournant. Le tracé remonte alors sur un terrain facile jusqu'au dernier point 161, situé dans le chemin qui sépare les deux cantons de l'Envers-du-Rupt et du Noir-Coin, à 150^{m},00 environ au-dessous de la coupe en exploitation.

Art. 2. *Axe.* — L'axe de la route est figuré en noir sur le plan terrier, excepté dans les tournants, où cet axe est déplacé et ne rase plus le terrain ; ainsi rectifié, il est ponctué en rouge. Le plan terrier n'indique ces changements que pour les deux principaux tournants, mais l'entrepreneur aura à adoucir, par une courbe, les angles formés à chaque point par les directions aboutissantes ; pour cela, l'entrepreneur, d'après l'indication du directeur des travaux, devra placer des piquets à 4^{m},00 les uns des autres. Les points du cheminement seront aussi rapportés sur le terrain par des piquets.

Article 3. *Profil en long.* — Ce profil, considéré sur l'axe, est indiqué par une ligne noire dans toutes les parties où cet axe s'appuie sur le terrain ; dans les autres, cet axe est indiqué en rouge.

Article 4. *Profils en travers.* — La largeur du chemin est fixée à trois mètres, fossés compris, excepté aux tournants ; où elle sera de 4^{m},00, fossés non compris. La pente des remblais sera de 1^{m},00 de hauteur sur 1^{m},50 de base ; le bombement au-dessus de la crête des fossés de 0^{m},06 ; l'ouverture de ceux-ci de 0^{m},50, et l'inclinaison des déblais et des faces des fossés sera de 45° sur l'horizontale.

Des profils en relief, exécutés en liteaux de sapin, seront posés aux frais de l'entrepreneur et par les soins du directeur des travaux. Ces profils indiqueront par conséquent la ligne de séparation du terrain et des remblais.

On a cheminé avec une pente de $0^{m},07$ par mètre, ce qui correspond sur l'Eclimètre à un angle de $4^{g},45$.

§ III.

Calepin de Cheminement.

STA-TIONS.	POINTS visés.	DISTANCES horizon-tales.	ANGLES méri-diens.	PENTE par mètre.	COTES de nivellet.	OBSERVATIONS prises sur le terrain.
		m	o	m	m	
1	2	30,00	191,50	0,07	2,10	
2	3	22,00	191,30		3,64	
3	4	17,20	199,45		4,84	
4	5	14,30	209,00		5,84	
5	6	31,20	211,00		8,03	
6	7	21,40	202,50		9,52	
7	8	22,40	202,15		11,08	
8	9	19,70	204,50		12,45	
9	10	20,15	200,00		13,85	
10	11	25,00	194,00		15,60	
11	12	24,00	186,45		17,20	
12	13	17,60	193,15		18,43	
13	14	17,00	196,30		19,62	
14	15	18,00	181,30		20,88	
15	16	16,40	183,00		22,02	

STATIONS.	POINT. visés.	DISTANCES horizontales.	ANGLES méridiens.	PENTE par mètre.	COTES de nivellet.	OBSERVATIONS prises sur le terrain.
		m	o		m	
16	17	25,60	185,00		23,81	
17	18	14,00	193,20		24,79	
18	19	20,00	192,00		26,19	
19	20	24,20	180,40		27,88	
20	21	22,90	174,40		29,48	
21	22	22,00	194,40		31,02	
22	23	23,00	274,00		32,63	
23	24	25,00	310,50		34,38	
24	25	21,00	294,30		35,85	
25	26	27,20	261,00		37,75	
26	27	16,50	238,00		38,90	
27	28	19,40	241,00		40,25	
28	29	13,60	250,90		41,62	
29	30	39,20	250,45		44,36	
30	31	38,00	259,30		47,02	
31	32	30,60	268,15		49,16	
32	33	23,20	297,00		50,78	
33	34	17,10	269,00		51,97	
34	35	15,00	252,30		53,02	
35	36	39,00	237,00		55,75	
36	37	33,20	235,45		58,07	
37	33	35,90	228,15		60,58	
38	39	28,50	221,45		61,75	
39	40	55,60	220,45		65,64	
40	41	36,40	219,15		69,18	

STATIONS.	POINTS visés.	DISTANCES horizontales.	ANGLES méridiens.	PENTE par mètre.	COTES de nivellet.	OBSERVATIONS prises sur le terrain.
		m	°		m	
41	42	46,80	200,45		72,45	
42	43	34,80	197,30		74,88	
43	44	21,20	200,30		76,36	
44	45	30,20	211,30		79,26	
45	46	29,80	217,30		81,34	
46	47	25,80	215,15		83,44	
47	48	29,00	208,12		85,17	
48	49	56,20	191,50		89,10	
49	50	39,15	213,00		91,84	
50	51	15,80	49,30		92,94	
51	52	27,25	55,50		94,84	
52	53	20,25	47,20		96,25	
53	54	17,00	43,00		97,44	
54	55	45,00	44,30		98,17	
55	56	38,55	42,50		101,26	
56	57	40,00	40,15		104,06	
57	58	43,60	51,15		107,10	
58	59	39,00	54,00		109,83	
59	60	45,20	69,30		110,99	
60	61	26,40	95,00		112,83	
			1639,45		115,23	

§ IV.

PROFILS EN TRAVERS.

On a pris les profils en travers de la route, compris entre le point 27 et le point 18.

Calepin des profils en travers.

STATIONS.	ASCENSION		DÉPRESSION		OBSERVATIONS prises sur le terrain.
	GAUCHE.	DROITE.	GAUCHE.	DROITE.	
27	12m60			11m50	
26	16,20			15,50	
25	16,15			15,50	
24	16,50			18,50	
23	15,95			16,	
22	10,00			19,75	
21	25,00			37,	
20	15,45			7,15	
19	10,05			10,90	
18	9,45			13,	

§ V.

Nivellement en travers du ruisseau.

DISTANCES HORIZONTALES.	ANGLE D'ASCENSION.	ANGLE DE DÉPRESSION.
5m, 40		33g, 85
6, 80		4, 50
7, 00		
3, 50	23g, 75	

§ VI.

Pont et Dalot.

ARTICLE PREMIER. *Pont.* — Le pont du Noir-Rupt aura quatre mètres d'ouverture et quatre mètres de largeur, il sera construit de la manière suivante :

Radier. — Il sera établi sur le lit actuel du ruisseau, préalablement déblayé et nivelé. Tous les matériaux se trouvent sur place. Le fond même du ruisseau est un rocher de granit, qu'il suffira de dresser régulièrement sous le pont et ses abords jusqu'à $2^{m},00$ au-dessus et au-dessous, et horizontalement sous les culées.

Culées. — Elles seront construites en forts moellons de granit sur les faces extérieures ; elles auront un mètre d'épaisseur et $0^{m},50$ d'élévation jusqu'au niveau des naissances.

Voûte. — Elle sera en plein cintre et composée de forts claveaux, soutenus, pendant la construction, par des dosseaux de sapin reposant sur des cintres en forts dosseaux doublés et cloués, et placés à soixante centimètres les uns des autres.

La clef aura soixante centimètres de hauteur et les culées seront élevées jusqu'à son sommet.

Plinthes.—Des plinthes en pierres plates, de vingt-cinq centimètres de hauteur sur quarante de largeur, seront posées en surplomb de cinq centimètres, sur les bords extérieurs des culées et de la voûte.

Toute cette construction sera exécutée en pierre sèche ; elle sera recouverte jusqu'au niveau de la face supérieure des plinthes, 1° par une couche de $0^m,10$ de terre fortement battue à la dame ; 2° d'une couche de petites pierres de $0^m,15$, cassées de manière à pouvoir passer dans un anneau de six centimètres à peu près.

Article 2. *Dalot.* — Ce dalot, construit entre les points 18 et 19, est destiné à l'écoulement du canal construit par les habitants du petit Beillard pour leurs irrigations. Les variations des grandes et petites eaux permettent de ne lui donner que cinquante centimètres d'ouverture, il aura seulement $2^m,50$ de largeur.

Radier. — Il sera fait en larges pierres plates, fournies par la fente des blocs du ruisseau. Ces pierres auront au moins $0^m,60$ de longueur, et $0^m,30$ d'épaisseur.

Culées. — Elles seront en forts moellons que l'on trouvera sur les lieux, et présenteront une épaisseur de $0^m,40$.

Dalles. — Elles devront se joindre aussi régulièrement que possible, et avoir un mètre vingt centimètres de longueur sur trente centimètres d'épaisseur.

§ VII.

Mode d'exécution des travaux.

Article premier. *Terrassements.* — On suivra exactement dans la confection des déblais et des remblais les surfaces déterminées par les profils en relief posés sur le terrain, ainsi que les dispositions des articles 2, 3, 4, du premier paragraphe. Ainsi les profils en long, la coupe des talus et les profils en travers, ne devront présenter aucune ligne brisée ni aucune irrégularité.

Les remblais devront être exécutés par couches horizontales de $0^m,20$ de hauteur fortement battues à la dame, de manière à prévenir les tassements. Toutes les flaches seront rétablies aux dépens de l'entrepreneur, jusqu'à la réception définitive des travaux.

Les déblais du dalot et du pont ne seront pas comptés à l'entrepreneur, mais on ne lui fera aucune réduction pour la longueur occupée par ces ouvrages.

ARTICLE 2. *Empierrement.* — Quand les terrassements auront été exécutés jusqu'à une hauteur d'environ $0^m,15$ au-dessous du niveau définitif de la route, on placera le plus uniformément possible les pierres provenant des déblais et que l'on cassera à des grosseurs différentes. Une première couche de $0^m,09$ peut être composée de pierrailles de la grosseur moyenne de $0^m,08$; cette couche sera fortement battue. Au-dessus on en placera une seconde, formée de pierres soigneusement cassées à la masse et réduites à une dimension maximum de $0^m,06$.

Dans les endroits où la pente du coteau dépasse $0^m,66$ par mètre, l'entrepreneur contiendra les remblais au moyen de murs de soutenement en grosses pierres de granit maçonnées à sec ; ces pierres se trouveront partout sur place en grande quantité.

ARTICLE 3. —Les pierres pour la construction du pont et du dalot devront être présentées avant la construction des travaux, au directeur, qui devra les admettre ou les rejeter.

CHAPITRE II.

Bordereau ou analyse des prix.

La route étant constamment à mi-côte, excepté dans les tournants, on a cherché, par des essais, à connaître le prix du mètre courant. On a choisi pour cela un terrain qu'on a jugé offrir les difficultés moyennes qui devront se présenter dans la confection de la route, et on y a exécuté 140^{m},00 courants de route, en tout semblable à celle qui est projetée. Le prix de cette route a été établi de la manière qui suit :

Sous-détail.

ARTICLE Ier. *Journée de terrassier*	1^{f},50
Prix d'un mètre cube de maçonnerie	4,00
Voiture à un cheval, conducteur compris	5,00
ARTICLE II. Pour 140^{m},00 courants de route :	
Journées de terrassiers	130^{f},00
Liteaux pour profils	2,00
Prix effectif	132,00
Benéfice de l'entrepreneur, 1/10	13,20
Frais d'outils, 1/20	6,60
PRIX DÉFINITIF	151^{f},80

Le prix d'un mètre courant est donc en définitive 1^{f},08^{c}.

Article III. Dalles pour couvres de ponceaux et dalots :

Prix du mètre cube	4f,60
Transport à pied d'œuvre pour une distance moyenne de 200m,00	5,00
Pose	1,80
Prix effectif...........	9,40
Bénéfice de l'entrepreneur..................	0,94
Frais d'outils	1,00
Prix définitif...........	11f,34

CHAPITRE III.

Devis estimatif.

Ce devis se compose de deux parties. La route n'a pas partout la même largeur : du point 19 au point 22, et du point 49 au point 52, elle s'élargit jusqu'à 4m,00 entre fossés. Nous en tiendrons compte en doublant le prix entre ces points. En effet, s'il est vrai que du point 19 au point 22 et du point 49 au point 52 la route n'ait pas uniformément, 4m,00, la difficulté des déblais et remblais croît assez rapidement, pour qu'en doublant le prix uniformément, nous soyons certains de ne pas exagérer la difficulté, et en même temps de ne pas rester au-dessous.

Art. 1er.

Terrassements.

Entre les points 22 et 19 et les points 49 et 52, la distance sur l'axe est de.	$141^{m},30$		
Ces $141^{m},30$ à raison de $2^{f},16$ le mètre donneront			$305^{f},21$
La longueur totale étant $1639^{m},45$, il reste de largeur ordinaire. . . .	$1498^{m},15$		
Ces $1498^{m},15$ à $1^{f},08$ le mètre courant donnent.			1618, 00
Total			$1923^{f},21$

Art. II.

Pont.

Radier.			
8 journées de tailleurs de pierre pour dresser le roc qui doit servir de radier		$16^{f},00$	
Culées. — $2^{m} \times 0,50 \times 4$.	$4^{m.c},00$		
Voûte. — $1^{m},50 \times 5 \times 4$	30, 00		
Plinthes. — $0^{m},40 \times 0,25 \times 10$. .	1, 00		
	$35^{m.c},00$		
Ces $35^{m.c},00$ à raison de 4^{f} le mètre cube de maçonnerie donnent.		$140^{f},00$	
Total du Pont.		$156^{f},00$	$156^{f},00$
A reporter.			$2079^{f},21$

Report............ 2079f, 21

ART. III.

Dalot.

Radier. — 1m,50 × 0,25 × 2,50. .	0m.c,94		
Culées. — 0m,40 × 0,50 × 2,50. .	1, 00		
TOTAL.	2m.c,94		
Ces 2m.c,00 à raison de 4f,00 le mètre, donnent..		11f, 76	
Dalles. — 1m,00 × 0,30 × 2. . . .	0m.c,60		
Ces 0m.c,60 à raison de 11f,34 le mètre cube, coûteront.		6, 80	
TOTAL du dalot.		18f, 56	18f,56
TOTAL général			2097f,77

ADMINISTRATION DES FORÊTS.

ROUTES FORESTIÈRES.

CHEMIN DE VIDANGE A EXÉCUTER POUR DESSERVIR LES CANTONS DES TOURNÉES, DE L'ENVERS-DU-RUPT ET DU NOIR-COIN, DANS LA FORÊT DOMANIALE DU HAUT-POIROT.

(Inspection de Fraize.)

MÉMOIRE

A L'APPUI DU PROJET DONT LES DEVIS PRÉCÈDENT.

MÉMOIRE A L'APPUI.

On a pu se rendre compte, d'après le tracé indiqué et le devis descriptif général, de la direction exacte de la route projetée. Nous voulons maintenant démontrer son utilité, et traduire en chiffres l'intérêt que l'Etat peut avoir à sa confection.

La forêt domaniale du Haut-Poirot, à laquelle appartiennent les cantons qu'il faut desservir, est séparée de Gérardmer, centre de communication le plus rapproché, par des forêts communales, situées sur des montagnes à pentes trop rapides pour que l'on puisse les traverser en ligne droite. Il suffit de jeter les yeux sur le plan de cette forêt pour s'en assurer. D'ailleurs, en montagne, ce n'est pas tant la plus courte distance que la pente la plus commode qu'il faut réaliser.

C'est surtout cette dernière considération qui nous a guidés dans le choix de notre point d'arrivée sur l'ancien chemin de Beillard au Tholy.

Ce chemin passe dans la vallée, en longeant les portions communales, puis traversant les prairies, il va rejoindre la route de grande communication de Gérardmer à Epinal ; le point de jonction est à la pointe nord-ouest du lac ; ce même chemin relie les différentes scieries de Beillard et des *Grange-Bas*.

Telle est la ligne de communication sur laquelle il im-

importe d'amener les produits de notre forêt. Une fois sur cette ligne, les bois seront facilement dirigés sur les différents marchés qui les réclament ; savoir : ceux de Cleurie, de Remiremont et d'Epinal.

Examinons sommairement :

1° Comment ce transport s'est effectué jusqu'ici et quels en étaient les inconvénients.

2° Comment il s'effectuera par la route projetée et quels seront les avantages du second mode sur le premier.

1° Les cantons que desservira la nouvelle route ne sont traversés que par des chemins mal tracés et nullement entretenus. Ces chemins, nous le savons par le devis général, sont au nombre de quatre, savoir :

Pour le canton	des Tournées	un.
id.	du Noir-Coin	deux.
id.	de l'Envers-du-Rupt.	un.

Le seul de ces chemins qui soit, à la rigueur, praticable est celui des Tournées ; encore ne peut-il servir facilement que pour une distance d'environ 300^{m},00; après quoi, il est dans le même état que les trois autres. Dans beaucoup d'endroits, la pente de ces chemins dépasse 15 et même 20 p. 0/0.

Il était inutile de songer à l'entretien de ces chemins ; car en vertu de leur grande inclinaison, les eaux torrentielles les suivent, les ravinent et les obstruent quelquefois des grosses pierres qu'elles font rouler.

Sur de pareils chemins, on conçoit que le transport des bois sur des chariots ordinaires est difficile, dangereux et par conséquent très-coûteux ; voici comment se fait la vidange.

Pour les tronces de bois, on se sert simplement d'un

avant-train porté sur des roues de faible diamètre. Sur cet avant-train, se fixe la tronce par une extrémité ; par l'autre, elle traîne sur le sol. Des hommes, placés en arrière, la retiennent avec des cordes et l'empêchent d'arriver sur les jarrets du cheval en vertu de son poids. Malgré cela, ce mode de transport présente de grands dangers pour les chevaux et les conducteurs, il expose les pièces, que l'on veut transporter sans les débiter en tronces, à se briser par les secousses. Enfin il détruit la route de plus en plus.

Le bois de feu se vide d'une manière analogue sur des chariots à deux trains, enrayés, des schlittes ou des traîneaux à un cheval.

Toutes ces difficultés expliquées, il est facile de comprendre les bas prix des bois de cette forêt, pourtant très-belles ; ces prix nous ont été communiqués par M. le garde général de Gérardmer, ce sont ceux du tableau suivant :

Prix des bois évalués en stères.

Bois d'industrie	. . . .	14f,00 le stère.
Bois de feu.	Sapin	1,80
	Hêtre	3,00

On doit ajouter à cela que beaucoup de bois périssent dans la forêt et pourrissent sur place.

2° Si la route projetée s'effectue, elle suffira pleinement à la vidange des trois cantons. Sa pente permettra d'en transporter sans peine tous les bois sur charriots ordinaires, et les dangers signalés plus haut disparaîtront. La facilité du parcours augmentera l'économie de la vidange, éveillera la concurrence des adjudicataires, et augmentera d'autant le prix des coupes.

Ajoutons à cela que la forêt, plus accessible, sera mieux traitée, moins fatiguée, mieux travaillée par les adjudicataires qui établissent chaque année de nouveaux parcours, et endommagent le jeune bois.

On estime que l'augmentation du prix du bois, dans les cantons précités, aura lieu dans les proportions suivantes :

Par stère de bois d'industrie.	2f, 00
Id. *id.* chauffage.	1 , 00

Si maintenant nous examinons le nombre et la qualité des produits qui s'écouleraient par la route proposée, nous trouvons d'après le devis, chaque année :

Bois d'industrie	1850st, 00
Bois de feu	950 , 00

L'économie totale serait donc

$1850 \times 2 + 950 = 4650^{f},00$ de revenu.

Ce qui correspond à un capital de 93,000f, 00 placés à cinq p. 0/0.

Examinons maintenant à quelles dépenses entraînerait la confection de la route.

A la première vue, l'économie n'est pas douteuse. Cependant il est important de la préciser.

Le devis fait voir que la dépense de la confection de la route s'élèverait à. 2,097f, 77

Ajoutons à cela la dépense d'entretien de la route et celle du pont, capitalisées.

1° *Entretien de la route.* — D'après M. Berthaut, un ouvrier et demi par lieue et par centaine de colliers, doit suffire en général à tous les ouvrages d'entretien, cassage compris. En partant de cette donnée et calculant la fréquentation, nous établirons facilement cette dépense.

Fréquentation. — 2800st,00 passeront sur la route

chaque année. Supposons que la charge d'un chariot à un cheval soit $2^{st},50$, il y aura

$\frac{2800}{2,50} \times 2$ voyages, aller et retour ou chaque année une fréquentation de

2240 colliers.

ou $6^{colliers},22$ par jour.

Le nombre d'ouvriers nécessaire à l'entretien sera donc $0^{ouvriers},03825$. Soit $500^{f},00$ le salaire d'un ouvrier par an, la dépense annuelle sera $0,03825 \times 500^{f},00 = 19^{f},11$ (1), ce qui équivaut à un capital de

$382^{f},20$

2° *Entretien du pont et du dalot.* — Quand on établit un pont en pierre, on court la chance d'être obligé de le reconstruire tous les cent ans. De plus, son entretien annuel est le centième du prix d'établissement. Soit donc $174^{f},56$ le prix d'établissement du pont et du dalot, il faut ajouter à cela :

1° Un capital qui, placé à 5 p. 0/0, maintenant, devienne dans 100 ans $174^{f},56$.

2° La valeur aussi à 5 p. 0/0 de 1,74 de revenu, ou bien

$$\frac{1}{(1,05)^{99}} 174,56 + 1^{f},74 \times 20 = 1^{f},46 + 34^{f},80$$

ou bien . . . . $36^{f},26$

(1) A cause des dégats que cause la fonte des neiges, ce chiffre est trop faible, on peut le porter à 50 fr.

(*Note du Professeur.*)

Ajoutons ces deux sommes, 382f,20 + 36f,26 = 418f,46

Au prix total d'établissement, nous aurons :

Confection de la route.........	2097f,77
Entretien capitalisé.............	418f,46
Total général de la dépense.	2516f,23

Chiffre fort éloigné de l'augmentation de revenu évaluée à un capital de 93,000f,00; de telle sorte que le boni réel serait de 90483f,77.

Ou : 4524f,18 de revenu.

En présence de chiffres aussi positifs, on ne saurait hésiter un seul instant.

EN RÉSUMÉ

Il y aura avantage :

1° Pour le trésor, dont le revenu s'élèvera de 4205f,85.

2° Pour la forêt, qui sera mieux traitée, mieux surveillée et moins fatiguée par les transports à tort et à travers.

3° Pour la consommation, qui utilisera tout ce que les difficultés de la vidange forçaient à abandonner.

ADMINISTRATION DES FORÊTS.

ROUTES FORESTIÈRES.

Inspection de Fraize.

CHEMINS DE VIDANGE, PROJETÉE POUR DESSERVIR LES CANTONS DU SCELLET ET DU ROULIER.

PAR MM. LES ÉLÈVES
POIVRE, VINCENT, E. MENGIN, A. MENGIN ET MADIN.

DEVIS GÉNÉRAL.

CHAPITRE Ier.

Devis descriptif du chemin de vidange et de la route forestière à établir pour la vidange des cantons du Scellet et du Roulier.

§ I.

Dispositions générales.

Les cantons du Scellet et du Roulier, peuplés de sapins et d'épicéas entre-mêlés de hètres, fournissent annuellement environ 5700st,00, dont 2500 de bois d'industrie et 1200 de bois de chauffage.

Les chemins existant actuellement ont des pentes rapides, les uns dans toute leur étendue, les autres en différents points. Ils sont aussi ravinés par les tronces et remplis de roches; ils sont d'un parcours très-pénible.

Cette partie de la forêt déverse ses produits vers Gérardmer ou vers Epinal et Remiremont.

On propose pour desservir le plus convenablement possible les produits du canton ci-dessus :

1° Un chemin de vidange de 2m,50 entre fossés, qui partirait du plateau des Tournées, et se dirigeant vers l'ouest, en longeant le versant nord de la montagne, descendrait sur le versant occidental, à travers le canton du Scellet, vers le ruisseau du même nom, lequel sépare la forêt du Haut-Poirot de celle de Lyris. 2° Arrivé à ce point, le même chemin continuerait, mais comme route forestière de 4^m,00 entre fossés, dans laquelle viendrait aboutir un autre chemin de vidange descendant de la forêt de Lyris. Cette route serpenterait le long de la montagne, au dessous du tracé du chemin précédent, et aboutirait dans la vallée près des scieries du Bas-Scellet.

Un nivellement provisoire exécuté du plateau des Tournées jusqu'au point d'arrivée, et une mesure approximative du développement que présente le flanc de la montagne, ont fait connaître qu'on pouvait adopter une pente moyenne de 7 à 8 p. 0/0.

Nous allons donner successivement les devis particuliers de la route et du chemin.

§ 1er.

Article premier. *Corps de route.* — Le n° 1 du chemin est placé près du sommet du plateau des Tournées, et sur le bord d'un ancien chemin qui monte du Haut-Poirot vers le *Fain-Levé;* il est situé sur un épicéa implanté sur une vieille souche de 1^m,50 de haut.

Les numéros suivants sont placés sur le flanc nord de la montagne ; le sol, peu incliné en travers, est couvert par places de roches roulantes de grès et de granit, mais d'assez faibles dimensions et faciles à casser ou à déplacer.

Jusqu'au point 11, en face du petit pré du petit

Haut-Poirot, le chemin traverserait les coupes déjà exploitées ; alors seulement, il entrerait dans la coupe en exploitation, au point 15 et il en sortirait pour pénétrer dans les massifs qui viendront successivement en tour d'exploitation.

Au point 19, la pente transversale augmente, les roches roulantes deviennent très-nombreuses; entre ce point et le suivant, se trouve une dépression du terrain qu'il faudra combler par un remblai portant sur un dalot. — Ce dalot n'aura que $0^m,50$ d'ouverture; le col voisin peu élevé ne pouvant former un ruisseau considérable.

Du point 19 au point 21, de grands amas de roches nous ont forcés à diminuer un peu la pente.

Du point 21 jusqu'au ruisseau, et sur une pente généralement plus rapide qu'auparavant, le chemin longe la partie occidentale du versant.

Entre les points 30 et 31, sur un ruisseau affluent de la Goutte-du-Roulier, sera placé un ponceau de $1^m,00$ d'ouverture.

Ce chemin se termine par un tournant situé sur un plateau près du ruisseau, à environ $50^m,00$ du pré de la Goutte-du-Roulier.

Le dernier point du chemin est le point 37, situé à environ $70^m,00$, du pré de la Goutte-du-Roulier, et que nous avons rattaché à une souche marquée d'un blanchi, et distante de $5^m,60$.

La route forestière de $4^m,00$ dont nous avons parlé tout à l'heure, se raccorde avec le chemin ci-dessus, au moyen d'un tournant compris entre le point 37 et le point 39. Ce tournant a $32^m,00$ de diamètre d'axe en axe, et peut par conséquent permettre le facile passage des plus longues tronces.

Cette route descend au-dessous du chemin précédent

avec une pente de $0^{m},06$ qui se continue jusqu'au point 61 où, jusqu'à l'avant-dernier point, nous en avons adopté une de $0^{m},08$; la route traverse le canton du Scellet, et s'appuie sur un sol inégal et humide, implanté de roches roulantes. On y trouve pourtant, par places, des peuplements d'une assez belle croissance.

Au point 45, sur le ruisseau qu'a déjà rencontré le tracé du chemin, il faudra un ponceau de $1^{m},00$ d'ouverture.

Au point 61, on sort du massif de la forêt pour entrer dans une portion où le sol, moins incliné en travers, est assez profond et recouvert d'épicéas mêlés à des genévriers. C'est là aussi qu'on rencontre le chemin de schlitte qui descend du sommet, et qui nous a servi à exécuter le nivellement provisoire.

Au point 65, on traverse le chemin séparatif du canton du Scellet et du Roulier, et l'on entre dans ce dernier canton.

Entre les points 65 et 66, sur le ruisseau profondément encaissé, et dit *La basse-Audrian,* il faudra un dalot de $2^{m},00$ de haut sur $1^{m},50$ de largeur.

Du point 70 au point 75, la route traverse un meurger ou amas de roches roulantes. Ces roches sont presque toutes de granit. Quelques-unes devront être cassées à la poudre, et avec leurs fragments, et les autres quartiers qu'on fera rouler de la partie supérieure, on construira un mur d'épaulement.

Au sortir de ces roches, le tracé pénètre dans un jeune repeuplement de sapins et d'épicéas, où le sol est très-facile à travailler, et il arrive ainsi jusqu'au point 76, placé près du mur qui sépare la forêt des communaux voisins. Pour éviter le passage sur ces derniers, du point 76 au point 77, nous avons longé ce mur jusqu'à un angle où le chemin du Scellet au Beillard traverse la forêt. C'est sur ce chemin qu'est notre point d'arrivée. Nous l'avons rattaché à un épicéa voisin que nous avons fait marquer du marteau du garde.

Le développement du chemin jusqu'au ruisseau de la Goutte-du-Roulier est de 1346^{m},00.

Celui de la route à partir de ce point jusqu'à celui d'arrivée est de 1653^{m},50.

Le développement total des deux voies de vidange est donc de 2999^{m},50.

Art. II. *Axe.* — L'axe de la route et celui du chemin sont figurés par une ligne noire ponctuée sur le plan terrier, sauf dans les tournants où cet axe est déplacé et ne rase plus le terrain. Dans ces tournants, l'axe ainsi rectifié est ponctué en rouge.

Quoique ces changements ne soient indiqués sur le plan terrier que pour les tournants principaux, l'entrepreneur sera tenu d'adoucir tous les angles rectilignes, par des piquets placés à ses frais à des distances qui n'excèderont pas 4 mètres. — Tous les autres points marqués dans le cheminement seront rapportés de la même manière par des piquets sur le terrain.

Art. III. *Profil en long.* — Le profil en long, considéré sur l'axe, est indiqué par une ligne noire dans toutes les parties où cet axe s'appuie sur le terrain. Dans les tournants, cet axe est indiqué en rouge.

La largeur du chemin est de 3^{m},00, rigole comprise de 0^{m},50 de largeur, sur 0^{m},17 de profondeur avec élargissement de 2^{m},00 aux tournants.

Art. IV. *Profils en travers.* — La largeur de la route entre les bords intérieurs des fossés est fixée à 4^{m},00. Chaque fossé aura 0^{m},75 de largeur à la crête, 0^{m},25 de largeur au fond, et les talus seront inclinés à 45°.

Dans les remblais dont la hauteur excède $0^m,17$ pour le chemin, et $0^m,25$, pour la route, les fossés seront supprimés et les accotements seront soutenus par des talus ayant 3 de base sur 2 de hauteur. Lorsqu'il y aura déblai, les terres seront coupées dans le prolongement du talus extérieur du fossé.

Le bombement de la route sur l'axe sera de $0^m,06$ pour le chemin et de $0^m,10$ pour la route, au-dessus des bords intérieurs des fossés.

Celui du chemin sera de $0^m,06$.

Des profils exécutés en liteaux de sapin seront établis aux frais de l'entrepreneur à tous les points jugés nécessaires.

§ III.

Calepin de Cheminement exécuté à l'Eclimètre pour le tracé du chemin et de la route des cantons du Scellet et du Roulier.

STATIONS	POINTS visés.	DISTANCES horizontales.	ANGLES méridiens.	PENTE par mètre.	COTES de nivellet.	OBSERVATIONS prises sur le terrain.
1	2	22,00	107,64	0,08	3,76	Au n° 1, situé au plateau des Tournées, le sol est peu incliné en travers, assez facile à travailler, peuplé de sapins et surtout de hêtre..
2	3	16,40	112,50	0,08	5,07	
3	4	17,10	113,92	0,08	6,44	
4	5	38,30	123,45	0,08	12,40	Du point 4 au point 11, le sol devient plus incliné en travers; il est inégal par place et couvert de roches roulantes de granit et de grès, mais d'assez faibles dimensions et peu gênantes.
5	6	22,35	112,25	0,08	12,90	
6	7	48,80	102,42	0,08	16,81	
7	8	36,40	83,68	0,08	19,72	
8	9	74,50	74,61	0,08	25,68	
9	10	38,90	68,85	0,08	28,79	
10	11	36,00	64,45	0,08	31,67	
11	12	37,80	70,38	0,08	34,70	Au point 11, la route qui jusque-là avait traversé des portions déjà exploitées, entre dans une coupe en exploitation, à 120 mèt. environ du pré dit Petit-du-Petit-Poirot.
12	13	36,20	88,42	0,08	37,59	
13	14	44,00	88,20	0,08	41,11	Les roches roulantes n'apparaissent presque plus, le sol est suffisamment profond et frais; sa pente transversale est assez considérable.
14	15	19,60	91,98	0,08	42,68	
15	16	23,40	98,55	0,08	44,56	

STATIONS.	POINTS visés.	DISTANCES horizontales.	ANGLES méridiens.	PENTE par mètre.	COTES de nivellet.	OBSERVATIONS prises sur le terrain.
16	17	32,40	104,22	0,08	47,15	
17	18	62,20	76,95	0,08	52,12	
18	19	55,00	91,80	0,08	56,52	Au point 18, il y a quelques roches de granit et surtout de grès, mais roulantes et faciles à casser.
19	20	41,40	199,00	0,04	58,17	Entre le point 19 et le point 20, se trouve une dépression transversale couverte de roches roulantes faciles à casser ; il y faudra un dalot avec un mur de soutenement.
20	21	10,00	160,02	0,04	58,57	
21	22	28,40	171,80	0,08	60,84	
22	23	29,80	181,80	0,08	63,23	
23	24	43,80	184,95	0,08	66,73	
24	25	48,00	195,75	0,08	70,57	
25	26	41,00	197,64	0,08	74,85	Sol très incliné en travers comme depuis le point 22 à partir duquel, la déclivité augmente, roches roulantes recouvertes de quelques pouces de terre végétale.
26	27	34,20	202,05	0,08	77,58	
27	28	38,80	199,25	0,08	80,68	
28	29	47,00	205,20	0,08	84,44	
29	30	29,00	201,60	0,08	86,76	Sol frais sans roches.
30	31	43,80	183,15	0,08	90,17	
31	32	31,20	174,60	0,08	92,66	Entre le point 30 et 31, ruisseau affluent de celui du Scellet, il faudra un ponceau avec mur de soutenement qui sera facile à établir avec les roches roulantes nombreuses des environs.
32	33	50,50	158,58	0,08	96,70	
33	34	33,40	159,30	0,08	99,37	
34	35	33,90	177,12	0,08	102,08	
35	36	19,80	178,65	0,025	102,58	
36	37	16,40	185,75	0,025	102,99	
37	38	22,40	173,50	0,05	104,11	Du point 37 au point 39, près du ruisseau du Scellet, et sur un plateau, nous avons placé un tournant de 28m,00 de diamètre de fossé en fossé.
38	39	22,40	85,00	0,087	106,06	Le chemin projeté dans la forêt de Lyris, viendra rejoindre le nôtre près du point 39.
39	40	28,20	350,40	0,06	107,75	
40	41	35,00	19,80	0,06	109,88	

STATIONS.	POINTS visés.	DISTANCES horizontales.	ANGLES méridiens.	PENTE par mètre.	COTES de nivellet.	OBSERVATIONS prises sur les terrains.
41	42	36,20	17,10	0,06	112,0	Du point 39 au point 44, le terrain est inégal, humide par places, recouvert de roches roulantes, mais de faibles dimensions et faciles à déplacer
42	43	32,00	358,65	0,06	113,97	
43	44	47,00	10,35	0,06	116,79	Près du point 43, se trouve une roche de granit assez grosse qu'il faudra faire sauter.
44	45	46,60	25,85	0,06	119,39	
45	46	42,20	17,55	0,06	122,12	Au point 45, il faudra un ponceau de $1^{m},00$ d'ouverture,
46	47	51,20	27,98	0,06	125,19	
47	48	48,00	42,30	0,06	128,07	Du point 47 au point 49 le terrain est fortement incliné en travers et toujours couvert de roches roulantes qui disparaissent par place sous la mousse,
48	49	60,00	28,80	0,06	131,67	
49	50	80,60	27,18	0,06	136,31	
50	51	38,00	17,30	0,06	138,79	
51	52	14,40	15,30	0,06	139,65	De 51 à 54, on entre dans un jeune fourré de sapins où le sol est moins couvert de roches.
52	53	34,80	5,40	0,06	141,74	
53	54	23,80	332,55	0,06	143,39	
54	55	33,00	330,30	0,06	145,37	
55	56	32,60	339,30	0,06	147,32	
56	57	67,80	332,55	0,06	151,39	De 55 à 58, les roches reparaissent.
57	58	52,60	323,10	0,06	154,55	
58	59	33,40	332,55	9,06	156,55	
59	60	22,20	328,05	0,06	157,88	Au point 61, on sort de la futaie, pour entrer dans une portion où le sol, moins incliné, est assez profond, couvert d'un jeune repeuplement d'épicéas, mêlés à des genévriers.
60	61	52,40	327,15	0,06	161,02	
61	62	29,40	329,85	0,08	163,37	Au point 63, on rencontre un chemin de schlitte, qui nous a servi déjà au nivellement provisoire.
62	63	62,60	310,50	0,08	168,38	
63	64	65,00	298,55	0,08	173,58	Au point 65, on rencontre le chemin séparatif du canton du Scellet et du Roulier.
64	65	32,60	345,00	0,08	176,19	Au point 65, à la basse-Audrian il faudra un dalot.
65	66	65,00	354,52	0,08	181,39	

STATIONS.	POINTS visés.	DISTANCES horizontales.	ANGLES méridiens.	PENTE par mètre	COTES de nivellet.	OBSERVATIONS prises sur le terrain.
66	67	20,20	16,65	0,08	183,01	
67	68	38,00	1,80	0,08	186,04	Entre 67 et 68, quelques roches à faire sauter.
68	69	47,80	48,90	0,08	189,87	
69	70	25,00	13,95	0,08	191,87	
70	71	53,00	13,75	0,08	193,87	Au point 70, on entre dans un amas de roches roulantes ou meurger dont on ne sort qu'au point 72.
71	72	70,60	13,30	0,08	201,52	
72	73	36,00	18,00	0,08	204,40	
73	74	40,00	16,65	0,08	207,60	
74	75	43,20	19,08	0,08	211,06	
75	76	28,10	19,62	0,06	213,31	De 76 à 77, nous avons suivi le mur de séparation de la forêt domaniale, jusqu'à un angle qui rencontre le chemin des scieries du Beillard où se trouve le point 77.
76	77	81,00	349,65	0,06	218,17	
77						

Il résulte du Calepin ci-dessus que la différence totale de niveau entre le point 39 et le point d'arrivée est 112m,11.

Le développement de la route entre les mêmes points est 1653m,50.

La différence totale de niveau entre le point de départ et celui d'arrivée est de 218m,17.

Le développement total de la route du point 1 au point 77 est de 2999m,50.

§ IV.

Dalot et ponceau.

Art. V. — *Premier dalot.* Le premier dalot, situé entre les points 19 et 20 du chemin, aura $0^m,50$ d'ouverture et $4^m,25$ de longueur entre les têtes. Il sera établi d'équerre sur l'axe du chemin et construit en pierres sèches. Aux abords de cet ouvrage, le terrain présente à sa surface des matériaux convenables.

Radier. — Le radier aura $1^m,50$ de largeur et fera saillie de $0^m,05$ sur le pourtour des culées et des murs en retour.

Culées. — Les culées auront $0^m,45$ d'épaisseur.

Dalles. — Les dalles auront $0^m,30$ d'épaisseur, leur portée sur les culées sera au moins de $0^m,15$.

Murs en retour. — Les murs en retour auront $1^m,00$ de longueur.

Plinthe. — Les murs en retour seront couronnés par une plinthe en pierres plates de $0^m,30$ d'épaisseur, et faisant saillie de $0^m,05$ sur les murs en retour.

Art. VI. — *Deuxième et troisième dalots.* — Entre les points 30 et 31, on établira un dalot construit comme le précédent ; il aura $1^m,00$ de hauteur et $1^m,00$ de largeur.

Il en sera de même pour celui qu'on devra bâtir au point 45.

Art. VII. — *Ponceau* entre les points 65 et 66. Ce ponceau ayant $2^m,00$ de hauteur sur $1^m,50$ de largeur; le radier aura 5^m, 50 de largeur, les culées $0^m,70$ de largeur sur $1^m,25$ de hauteur jusqu'aux naissances. La voûte sera en plein cintre; la clef aura $0^m,60$ de longueur, les pierres du radier qui seront placées sous l'eau, devront être engagées d'au moins $0^m,10$ sous les culées; des plinthes de $0^m,25$ de hauteur sur $0^m,30$ de largeur seront posées en surplomb de $0^m,05$ sur les parements des murs de tête.

Ces constructions seront recouvertes d'une couche de $0^m,10$ de terre battue à la dame et d'une 2e couche de $0^m,15$ d'épaisseur, de petites pierres cassées pouvant passer dans un anneau de $0^m,06$ de diamètre. Avant de construire le deuxième dalot, on devra régulariser le cours du ruisseau et réunir en une seule les trois branches dans lesquelles se divise le lit à environ $30^m,00$ au-dessus.

§ V.

Mode d'exécution des travaux.

Article premier. *Terrassements.* — On suivra exactement dans la confection des déblais et des remblais les surfaces déterminées par les profils en relief posés sur le terrain, ainsi que les dispositions des articles 2, 3, 4, du premier paragraphe. Ainsi les profils en long, la coupe des talus et les profils en travers, ne devront présenter aucune ligne brisée ni aucune irrégularité.

Les remblais devront être exécutés par couches horizontales de $0^m,20$ de hauteur fortement battues à la dame, de manière à prévenir les tassements. Toutes les flaches seront rétablies aux dépens de l'entrepreneur, jusqu'à la réception définitive des travaux.

Les déblais du dalot et du pont ne seront pas comptés à l'entrepreneur, mais on ne lui fera aucune réduction pour la longueur occupée par ces ouvrages.

Article 2 *Empierrement.* — Quand les terrassements auront été exécutés jusqu'à une hauteur d'environ $0^m,15$ au-dessous du niveau définitif de la route, on placera le plus uniformément possible les pierres provenant des déblais et que l'on cassera à des grosseurs différentes. Une première couche de $0^m,09$ peut être composée de pierrailles de la grosseur moyenne de $0^m,08$; cette couche sera fortement battue. Au-dessus on en placera une seconde, formée de pierres soigneusement cassées à la masse et réduites à une dimension maximum de $0^m,06$.

Dans les endroits où la pente du coteau dépasse $0^m,66$ par mètre, l'entrepreneur contiendra les remblais au moyen de murs de soutenement en grosses pierres de granit maçonnées à sec ; ces pierres se trouveront partout sur place en grande quantité.

Article 3. —Les pierres pour la construction du pont et du dalot devront être présentées avant la construction des travaux, au directeur, qui devra les admettre ou les rejeter.

CHAPITRE II.

Bordereau ou analyse des prix.

(Voir le même chapitre, dans le travail de la section de l'Envers-du-Rupt, page 25.)

CHAPITRE III.

Devis estimatif.

Le devis des terrassements se compose de deux parties. La route en effet, comme l'indique le devis descriptif, n'a pas la même largeur que le chemin. Celui-ci, qui va du point 1 au point 37, a bien les mêmes dimensions que les $140^{m},00$ d'essai dont le prix nous a servi de base ; mais la route qui le continue à partir du point 37 jusqu'au point d'arrivée, a $4^{m},00$ entre fossés; nous en tiendrons compte en doublant le prix du mètre courant entre ces deux points.

ART. 1er.

Terrassements.

Le développement du chemin de vidange jusqu'au point 37 est de. .	1346^{m},00		
Ces 1346^{m},00 à raison de 1^{f},08 le mètre courant, donneront.		1453^{f},68	
Le développement de la route, depuis le point 37 jusqu'au point d'arrivée, est de..	1653^{m},50		
Ces 1653^{m},50 à raison de 2^{f},16 le mètre courant donneront		3571, 56	
Total des terrassements. . .		5025^{f},24	5025^{f},24

ART. 2.

Dalots.

1er Dalot.			
Radier. — 1^{m},50 × 5^{m},25 × 0,30. .	2$^{m.c.}$,35		
Culées.— 4^{m},25 × 0,45 × 0,50 × 2. .	1, 92		
Total.	4$^{m.c.}$, 27		
Ces 4$^{m.c.}$,27 à raison de 4^{f},00 le mètre cube donnent.		17^{f},08	
Dalles.— 5^{m},25 × 0,30 × 0,80 . . .	1$^{m.c.}$,26		
Ces 1$^{m.c.}$,26 à raison de 11^{f},34 le mètre cube donnent		14, 29	
Total du dalot.		31^{f},37	31^{f},37
A reporter			5056^{f},61

			Report........... 5056f.,61
2e Dalot.			
Radier. — 4m,10 × 0,30 × 2.	2m.c.,46		
Culées.— 2m,80 × 1m,00 × 0,50 × 2	2, 80		
Murs en retour.— 1m,00 × 1m,00 × 0,60 × 2.	1, 20		
Total.	6m.c.,46		
Ces 6m.c.,46 à 4f,00 le mètre cube donnent.		25f,84	
Dalles. — 4m,00 × 0,30 × 1,30. . .	1m.c.,56		
Ces 1m.c.,56 à 11f,34 le mètre cube donnent.		17, 69	
Total du dalot		43f,53	43f,53
3e Dalot. Il est le même que le précédent, et revient par conséquent à			43f,53

Art. 3.

Ponceau.

Cubé tant plein que vide jusqu'au dessous des plinthes, il donne :			
2m,90 × 4,20 × 3,50.	42m.c.,63		
Ces 42m.c.,63 à 4f,00 le mètre cube donnent.		170f,52	
Plinthes. Cube. — 3m,50 × 0,25 × 0,30 × 2.	0m.c.,525		
Ces 0m.c.,525 à 4f,00 le mètre cube donnent.		2f,10	
Total du ponceau.		172f,62	172f,62
Total général.			5316f,29

ADMINISTRATION DES FORÊTS.

ROUTES FORESTIÈRES.

Inspection de Fraize.

CHEMIN DE VIDANGE ET ROUTE FORESTIÈRE A EXÉCUTER POUR DESSERVIR LES CANTONS DU SCELLET ET DU ROULIER.

MÉMOIRE

A L'APPUI DU PROJET DONT LES DEVIS PRÉCÈDENT.

MÉMOIRE A L'APPUI.

Les deux cantons du Scellet et du Roulier, situés dans la forêt domaniale du Haut-Poirot, fournissent annuellement 3200 st, 00 qui doivent être desservis par le chemin et la route proposés.

Sur ces 3200 st,00 on compte :

1° En bois d'industrie.................. 2200 st,00
2° En bois de chauffage.............. 1000 st,00

D'après les renseignements que nous a transmis M. le garde général de la localité, les prix actuels de ces produits sont : pour les bois de la 1re espèce de 14 à 15f,00 le mètre cube sur pied, et pour le bois de la 2e espèce, 2f 75 c, le stère.

Il en résulte que les produits pécuniaires annuels fournis par les deux cantons ci-dessus désignés s'élèvent actuellement à

21,266f,67c pour le bois d'industrie, et à
2,750f,00c pour le bois de chauffage.

(En prenant 1, 50 pour facteur de conversion du mètre cube au stère).

En somme : 24,016f,67 c.

Maintenant on présume que la création des deux voies de vidange proposées, en introduisant une bien plus grande facilité dans le transport, occasionnerait l'augmentation de valeur suivante dans le prix des bois sur pied ; savoir :

1 f,00 par mètre cube de bois d'industrie ;

0 f,60c par stère de bois de chauffage.

Dans cette hypothèse, la mieux-value totale qui s'en suivrait pour la production annuelle de la forêt serait de :

$$1466^f,67 + 600^f\,00 = 2066^f,67.$$

Ce qui correspond, au taux de 5 p. 0/0, à un capital de 41,333f,40c.

Pour obtenir le boni réel ou net, nous devons retrancher de cette valeur, le capital qui représenterait la dépense à laquelle l'Etat serait entraîné, tant pour la confection de nos deux voies de vidange, que pour leur entretien.

Or la confection de la route et du chemin de vidange, terrassements et travaux d'arts réunis, reviendrait d'après le devis estimatif qui précède à 5,316f,29 c.

A ce chiffre, il faut ajouter ceux de l'entretien.

1° *Entretien de la route et du chemin.* — D'après les expériences de l'ingénieur Berthault, il faut 1 ouvrier 1/2 par lieue et par centaine de colliers pour l'entretien complet d'une route.

Or le développement total de notre tracé est de 300 m,00, 3200st,00 y passeront chaque année; et en supposant que la charge d'un chariot à un cheval soit de 2st, 50, il y aura annuellement :

$\frac{3200}{2,50}$ = 1280 départs de chariots pour la desserte des bois; nous pouvons admettre pour les montées à vide la moitié de cette valeur, ce qui fait pour la somme annuelle du voyage, aller et retour 1280 + 640 = 1920 colliers.

ou une fréquentation de $\frac{1920}{365}$ = 5colliers,30 par jour.

Si donc, on admet que l'entretien est en raison composée de la fréquentation et de la longueur du trajet, on aura le nombre d'ouvriers nécessaire à l'entretien de nos deux voies de vidange, en posant la proportion :

$$4 \times 100 : 1346^{f} + 0,053 :: 1,50 : x.$$
$$\text{D'où } x = 0^{\text{ouvriers}},60.$$

Le salaire annuel d'un cantonnier peut être évalué au plus à $500^{f},00$. Donc la dépense annuelle de l'entretien de la chaussée sera de :

$$0,60 \times 500^{f} = 300^{f}.$$

qui capitalisés au denier vingt, équivalent à une somme de $6000^{f},00$.

2° *Entretien des dalots et ponceaux.*—On peut compter moyennement que la construction d'un pont en pierres durera 100 ans ; par conséquent, on doit s'attendre à faire au bout de ce temps la même dépense que celle qui serait nécessitée au moment actuel pour la construction de ce pont ; de plus, la dépense de l'entretien s'élève annuellement au 1/100 environ de la construction primitive. Soit donc V, d'une manière générale, la dépense première de construction, il est aisé de voir que celle équivalente à l'entretien perpétuel sera :

$$\frac{V}{5} + \frac{V}{(1,05)^{100}} = 0,208.\ V.$$

Appliquons cette formule au cas où nous nous trouvons. La confection des trois dalots et du ponceau reviendra à 291^{f}, 05 c.

La dépense de l'entretien correspond à un capital de

$$0,208 \times 1^{f}05 = 60,47.$$

Ainsi le total à déduire du boni présumé est de :

$$60^{f}47 + 6000^{f} + 5316^{f}29 = 11376^{f}76.$$

qui retranché de 41,3333^{f},40^{c}, donnent pour boni réel :

29,956^{f}, 64^{c}.

Ce qui correspond à une rente annuelle de

1,497^{f}, 83^{c}.

Il semble donc que l'établissement de ces voies de vidange, doive être fort avantageux pour l'État.

Et remarquons que nous sommes arrivés à ce résultat, en nous appuyant seulement sur la plus grande facilité et par suite sur les frais moins considérables dans le transport, circonstances qui feraient immédiatement hausser la valeur du bois sur pied. Ce chiffre devrait encore être élevé si l'on considère qu'une foule de bois qui périssent actuellement sur pied, pourraient après la confection de nouveaux chemins, être extraits facilement, et venir augmenter l'effectif des produits en matière.

En outre, une vidange plus prompte et plus facile des bois dépérissants, diminuerait singulièrement les ravages des insectes nuisibles, que nous avons vus si répandus dans cette forêt.

En troisième lieu, la surveillance devenant aussi plus facile, on parviendrait à réduire de beaucoup les délits d'enlèvement de résine. Et cette considération n'est pas à négliger; car ces sortes de délits, outre qu'ils contribuent aussi à augmenter la masse des insectes dévastateurs, exercent directement une influence fâcheuse sur la végétation des arbres.

Enfin, les bonnes routes ont pour effet immédiat la suppression d'une multitude de faux chemins ou sentiers, qui sillonnant la forêt dans tous les sens, nuisent au repeuplement, causent des dégradations aux bois sur pied, et dont la surface totale est pourtant plus considérable encore que celle qui serait occupée par les nouvelles voies.

PROJET

D'UN

CHEMIN DE VIDANGE

ÉTUDIÉ ET TRACÉ

DANS LA FORÊT DE LYRIS.

(*Inspection de Remiremont*, Vosges.)

PAR MM. LES ÉLÈVES

CHARLES GRILLET, LAURENT ET F. MENGIN.

CHAPITRE PREMIER.

Devis descriptif du chemin à exécuter pour la vidange de la forêt de Lyris.

§ Ier.

Dispositions générales.

Le chemin projeté de 2m,25 de largeur entre fossés, avec élargissement de 2m,00 à chaque tournant, pour faire gare, partirait du plateau de la forêt de Lyris, traverserait le versant nord de cette forêt, et viendrait rejoindre celui de la section du Haut-Poirot, qui prendrait au point de jonction une largeur de 4m,00 non compris les fossés, jusqu'au fond de la vallée du Scellet.

Ce chemin partirait du plateau de la forêt de Lyris; mais il n'a été étudié qu'à partir d'un point placé au-dessous sur le versant nord, et appelé le haut de la *Goutte-des-Chapeaux-de-Loup,* attendu que, plus haut, la pente étant très-douce et la surface du sol régulière, le tracé ne présenterait aucune difficulté.

Du haut de la Goutte-des-Chapeaux-de-Loup, le chemin

descendrait sur le versant nord-nord-ouest, vers la pente de Lyris, où il tournerait pour revenir sur le versant nord appelé la pente du Roulier, et descendre, autant que possible, vers le bas du pré du Roulier. Là, il tournerait encore, passerait le ruisseau dit la *Goutte-du-Roulier*, et se raccorderait avec le chemin tracé dans le Haut-Poirot par une autre section des élèves de l'École.

L'expérience ayant démontré que, dans les tournants, le transport des grandes pièces de bois ne se faisait avec facilité que quand on laissait 14 à 15^{m},00 de distance entre les crêtes des fossés intérieures à la courbe, on cherchera à ne pas rester en-dessous de cette limite minima.

§ II.

Art. premier. *Corps de route.*— Le numéro 1 du tracé est placé au haut de la Goutte-des-Chapeaux-de-Loup, près d'un gros sapin que l'on a marqué d'un blanchi à 1^{m},00 du sol. Les numéros suivants sont plantés sur le flanc de la montagne, qui regarde le nord-nord-ouest. Jusqu'au numéro 13, point où commence le tournant, le cheminement nous a donné un terrain peu incliné, couvert de roches granitiques; du point 13 au point 17, on a tourné sur une espèce de plateau placé entre la pente du Roulier et la pente de Lyris, en laissant 30^{m},80 entre les crêtes intérieures des fossés. On a longé ensuite le versant nord de la forêt de Lyris, versant que l'on appelle la *pente du Roulier;* il a une pente rapide et est couvert, à sa surface, de blocs de granit d'autant plus nombreux et plus forts que l'on avance davantage vers le pré du Roulier. Entre les points 23 et 24 coule la Goutte-des-Chapeaux-de-Loup, sur laquelle il sera nécessaire de construire un dalot de 1^{m},00 d'ouverture sur 0^{m},50 de hauteur. Du point 35 au point 40, le tracé tourne au bas du pré du Roulier, pour aller rejoindre la route forestière tracée dans le Haut-Poirot par une autre section des élèves de l'Ecole forestière.

La portion de cheminement, comprise entre les points 38 et 39, est traversée deux fois par un petit ruisseau qui va se jeter dans la Goutte-du-Roulier, et dont on pourra facilement déranger un peu le cours. Du point 40 au point 41, est le ruisseau du Roulier sur lequel on aura à construire un ponceau de 3^{m},00 d'ouverture et de 1^{m},50 de hauteur; comme en cet endroit le Roulier est large et profondément encaissé, le ponceau ne changera guère la pente donnée à la route. A quelques mètres du point 41 passe le chemin du Haut-Poirot.

La route dont nous venons de décrire le cheminement a un développement total de 1025^{m},10 de longueur.

Les pentes par mètre varient de 0^{m},07 à 0^{m},09. Ces variations sont indiquées dans le calepin de cheminement ci-dessus.

Pour savoir à quelle pente il fallait essayer le cheminement, on a fait un nivellement auxiliaire, depuis la scierie du Scellet jusqu'à la Goutte-des-Chapeaux, en passant par le pré du Roulier.

Art. II. *Axe.* — L'axe de la route est figuré par une ligne noire ponctuée sur le plan terrier. L'entrepreneur sera tenu, quoique ce plan ne l'indique point, d'adoucir par une courbe tous les angles rectilignes placés aux diverses variations de directions des alignements de la route. Des piquets seront plantés à cet effet par les soins du directeur des travaux et aux frais de l'entrepreneur, à des distances, les uns des autres, qui n'excéderont pas $4^m,00$. Tous les autres points marqués dans le cheminement seront rapportés de la même manière par des piquets sur le terrain.

Art. III. *Profil en long.* — Ce profil, considéré sur l'axe, est indiqué par une ligne noire au-dessous de laquelle est placée une teinte rouge dans toutes les parties où l'axe de la route rase le terrain. Dans le premier tournant, où on devra déblayer, le terrain est représenté par une ligne noire avec teinte noire, et la route par une ligne rouge avec teinte de même couleur.

Art. IV. *Profils en travers.* — La largeur de la route entre les bords intérieurs des fossés est fixée à $2^m,50$. Chaque fossé aura $0^m,50$ de largeur à la crête, $0^m,17$ de largeur au fond, et les talus seront inclinés à 45° sur la verticale. Quand, dans les remblais, la hauteur excédera partout $0^m,17$, les fossés y seront supprimés, et dans les pentes trop fortes, les terres seront soutenues par des murs de soutenement qui auront $0^m,50$ de largeur en haut, seront légèrement inclinés du côté des terres, et, de l'autre côté, auront une inclinaison de 1/6 de la hauteur. Ces murs auront peu de fondation, parce que le terrain est très-rocailleux, mais on devra aller chercher le bon fond. Ils seront placés partout où les profils en travers l'indiquent.

Le bombement de la route sur l'axe sera de $0^m,06$ au-dessus des bords intérieurs des fossés.

Des profils, exécutés en liteaux de sapin, seront encore établis à tous les points jugés nécessaires aux frais de l'entrepreneur et par les soins du directeur des travaux.

Calepin de Cheminement exécuté à l'Éclimètre et à la Stadia, pour le tracé du chemin.

STATIONS.	POINTS visés.	DISTANCES horizontales.	ANGLES méridiens.	PENTE par mètre.	COTES de nivellet.	OBSERVATIONS prises sur le terrain.
		m	o	m	m	
1	2	19,00	70,15	0,070	1,33	Le point 1 n'est autre chose que le point 41 du nivellement précédent.
2	3	25,50	81,15		3,11	
3	4	18,75	80,30		4,42	
4	5	13,00	80,30		5,35	
5	6	16,25	97,00		6,47	
6	7	17,50	79,30		7,69	
7	8	21,00	55,00		9,16	Du point 7 au point 8, il y a un pli de terrain qui nécessitera un remblai.
8	9	24,50	28,00		10,87	
9	10	17,50	25,30		12,09	
10	11	26,50	22,50		13,94	
11	12	23,25	23,20		15,57	
12	13	30,00	28,45		17,67	
13	14	22,25	45,50	0,002	17,96	A cette station, nous changeons la pente pour pouvoir mieux tourner sur un plateau placé entre la pente du Roulier et la pente de Lyris. — Sur ce plateau, le tournant aura 30 m. 80 c. entre crêtes intér. de fossés.
14	15	17,50	81,30	-0,047	17,87	
15	16	16,25	37,30	0,157	20,42	

STATIONS.	POINTS visés.	DISTANCES horizontales.	ANGLES méridiens.	PENTE par mètre.	COTES de nivellet.	OBSERVATIONS prises sur le terrain.
		m	o		m	
16	17	18,00	342.10	0,154	23,19	
17	18	16,50	289,00	0,085	24,59	
18	19	11,25	264,30		25,55	
19	20	18,00	235,10		27,08	
20	21	22,00	223,50		28,95	
21	22	23,25	215,55		30,93	
22	23	29,00	223.00		33,39	
23	24	32,50	239,20		36,16	Entre 23 et 24, coule la Goutte-des-Chapeaux-de-Loup. Un dalot de 1 mèt. d'ouverture sur 0 m. 50 de hauteur suffira.
24	25	23,25	274,00		48,14	
25	26	27,50	267,40		04,47	
26	27	38,00	270,50		43,70	
27	28	28,50	277,50		46,12	
28	29	11,75	245,20		47,12	
29	30	37,00	228,20		50,26	
30	31	40,50	231,15		53,70	
31	32	37,50	233,20		56,89	
32	33	42,50	237,15		60,50	
33	34	52,50	245,15		64,96	
34	35	29,50	256,10		67,47	
35	36	21,50	260,30		69,40	
36	37	14,75	280,50		70,73	Tournant qui aura plus de 50 m. entre crêtes int. de fossés.
37	38	21,50	321,00		72,66	
38	39	30,50	341,45		76,22	De 38 à 39, est un ruisseau qui va se jeter dans la goutte-du-Roulier, et qu'on pourra facilement détourner un peu.
39	40	39,00	358,15		79.73	De 40 à 41, est le ruisseau du Roulier, sur lequel on aura à construire un ponceau de 3 m. d'ouverture sur 1 m. 50 de h.
40	41	41,00	342,10		83,42	

Calepin des profils en travers.

Stations.	ASCENSION.		DÉPRESSION.		CÔT. VERT. A 10 M		OBSERVATIONS.
	à droite	à gauc.	à droite	à gauc.	à droite	à gauc.	
1		16,40	14,35				
2		14,25	18,70				
3		13,65	19,15				
4		13,30	17,80				
5		14,20	19,40				
6		13,00	13,40				
7		10,00	20,65				
8		26,25	25,50				
9		24,50	27,05				
10		26,00	28,40				
11		21,10	27,00				
12		18,10	24,20				
13		14,35	16,85				
14		12,70	10,80				
15		12,70	11,65				
16			4,60	0,00			

Stations.	ASCENSION.		DÉPRESSION.		CÔT. VERT. A 10 M.		OBSERVATIONS.
	à droite	à gauc	à droite	à gauc.	à droite	à gauc.	
17	9,20			16,60			
18	11,10			17,00			
19	14,40			19,40			
20	21,30			26,70			
21	20,45			32,00			
22	26,20			23,25			
23	22,30			32,00			
24	18,60			18,90			
25	18,15			15,40			
26	23,30			21,95			
27	22,35			22,45			
28	18,65			27,20			
29	27,00			36,40			
30	41,00			37,55			
31	40,45			36,65			
32	35,85			33,05			
33	30,05			27,45			
34	23,20			24,25			
35	17,95			25,20			
36	22,15			27,65			
37	21,60			22,60			
38	14,12			10,55			
39	6,80			6,50			
40	5,10			6,70			
41	12,25			6,60			

§ III.

DALOT ET PONCEAU.

ART. V. *Dalot.* — D'après ce que nous avons dit, ce dalot aura 1m,00 d'ouverture et 0m,50 de hauteur. Il sera construit de la manière suivante :

Radier.—On le fondera fortement, car le fonds est humide à l'endroit où on devra le construire. Comme on peut se procurer sur place des pierres longues et résistantes, des pierres plates de 0m,30 d'épaisseur et d'au moins 1m,20 de longueur pourront être employées à sa confection.

Le radier aura 1m,90 de largeur, sur 2m,25 de longueur.

Culées. — Elles seront construites en forts moellons, ou a l'aide de longues pierres granitiques que l'on trouvera aisément. Elles auront 0m,40 d'épaisseur. Leur hauteur sera de 0m,50. Ces culées se raccorderont avec le dallage par un plan incliné en maçonnerie de moellons.

Dalles.—Les dalles de couverture auront 0m,20 d'épaisseur et 1m,40 de longueur. Leur portée sera ainsi de 0m,20 sur chaque culée. Ces dalles seront juxta-posées entre elles. Les dalles de tête seront dressées avec soin.

Murs en retour. — Ils auront 1m,00 de longueur mesuré à partir du parement vu de la culée.

Plinthes. — Chacune des têtes sera couronnée par une plinthe qui régnera sur toute la longueur des murs en retour. Chaque plinthe aura ainsi 3m,00 de longueur et 0m,60 de largeur, y compris une saillie de $0^m,05$ sur le parement vertical extérieur de la tête correspondante. La hauteur de la plinthe sera de $0^m,20$.

Les plinthes seront exécutées en pierres de $1^m,40$ de longueur au moins, juxta-posées et ayant toutes la même hauteur.

Art. VI. *Ponceau.* — Ce ponceau aura $3^m,00$ d'ouverture et $1^m,50$ de hauteur.

Radier. — Il sera construit à l'aide de pierres plates, de $0^m,60$ d'épaisseur, et aussi longues que possible. Ces pierres seront posées en travers du lit du ruisseau, de manière à être recouvertes de $0^m,10$ au moins à chaque bout par les deux premiers claveaux de la voûte. Ce radier aura $5^m,00$ de largeur sur $2^m,25$ de longueur.

Culées. — Elles seront construites en forts moellons sur les faces extérieures, elles auront au moins $0^m,60$ d'épaisseur.

Voûte. — Elle sera en plein cintre, composée de forts claveaux, soutenus, pendant la construction, par des dosseaux de sapin, reposant sur des cintres en forts dosseaux, doublés et cloués, et placés à $0^m,60$ les uns des autres.

La clef aura $0^m,60$ de hauteur et les culées seront élevées au niveau du sommet de la clef.

Plinthes. — Des plinthes en pierres plates de $0^m,25$ de hauteur au moins sur $0^m,60$ de largeur, seront posées en surplomb de $0^m,05$ sur les bords extérieurs des culées et de la voûte.

Toute cette construction sera maçonnée à sec. Elle sera recouverte jusqu'au niveau de la face supérieure des plinthes : 1° par une couche de terre fortement battue à la dame et de $0^m,10$ d'épaisseur ; 2° d'une couche de $0^m,15$ de petites pierres cassées, dont la plus grande dimension n'excédera pas $0^m,06$.

§ IV.

MODE D'EXÉCUTION DES TRAVAUX.

Art. VII. *Terrassements.*— On suivra exactement, dans la confection des déblais et des remblais, les surfaces déterminées par les profils posés en relief sur le terrain et par les dispositions des articles 2, 3 et 4 du premier paragraphe.

Ainsi le profil longitudinal, le parement de la route, la coupe des talus et les profils en travers seront parfaitement dressés et de manière à ne présenter aucun jarret, ni aucune irrégularité.

Dans les coupes en rocher, les talus pourront être modifiés, mais sous la condition expresse de l'autorisation du directeur des travaux.

Art. VIII. — L'empierrement sera pris sur les déblais mêmes, toutes les fois que le terrain le permettra, et exécuté de la manière suivante :

On commencera par établir la surface de la route à mi-côte sur $2^{m},60$ de largeur ; $0^{m},10$ au-dessous du niveau supérieur définitif.

Après cela, comme on trouvera plus de pierres que de terre, quand on arrivera à la fin des déblais, on portera les débris des pierres sur la surface de la route, où des hommes armés de masses de fer les casseront successivement au fur et à mesure qu'on les déposera. Les fragments de ces pierres ne devront pas excéder $0^{m},06$ dans leur plus grande dimension. Cette couche sera fortement battue à la dame. Toutes les fois que la route ne sera plus à mi-côte et devra avoir deux fossés, comme aux points 14, 15 et 16 du tracé, on commencera par l'établir sur une surface de 2^{m},70 de largeur, et toujours à 0^{m},10 au-dessous de la surface supérieure définitive.

Art. IX. — Les pierres pour les ponceaux seront soumises au directeur des travaux avant la confection des ouvrages. Si les déblais en fournissent d'une bonne qualité, elles pourront y être employées avec l'autorisation, toutefois, du directeur.

Art. X. — Les déblais pour la construction des ponceaux ne seront pas comptés à l'entrepreneur ; mais il ne sera fait aucune réduction pour la longueur de la route occupée par ces ouvrages.

CHAPITRE II.

Bordereau ou analyse des prix.

(Voir le même chapitre, dans le travail de la section de l'Envers-du-Rupt, page 25.)

CHAPITRE III.

Détail estimatif des ouvrages à exécuter pour la route de la forêt de Lyris.

§ Ier.

Terrassements.

La longueur totale de la route étant de. .	1025m,10	
Et les terrassements étant évalués au mètre courant d'après le prix fixé, art. 2, ces 1025m,10 coûteront		1107f,11

§ II.

Murs de soutenement.

Le mur de soutenement à construire entre les points 20 et 22 comprend. .	6m.c.,132	
Le mur à construire entre les points 20 et 24 comprend	11, 200	
Le mur entre les points 28 et 34 comprend.	78, 151	
Total des cubes	95m.c.,483	
Ces 95m.c.,483 d'après l'art. 1 du bordereau des prix, coûteront, à raison de 4f le mètre cube		381f,93
A reporter.		1489f,14

Report		1489f,14

§ III.

DALOT.

Dalot d'un mètre d'ouverture.

Détail pour ce dalot :

Radier.			
0,40 × 1,90 × 2,25 =	1m.c.,710		
Culées.			
2 × 0,40 × 0,50 × 2,25 =	0, 900		
Plinthes.			
2 × 0,20 × 0,60 × 3 =	0, 720		
Murs en retour.			
4 × 1,30 × 0,60 × 1 =	3, 120		
Total des cubes	6m.c.,450		
Ces 6m.c.,450, d'après l'art. 1, coûteront.		25f,80	
Dalles.			
1,40 × 0,20 × 2,25 =	0m.c.,630		
Ces 0m.c.,630, d'après l'art. 3, à raison de 11f,34 le mètre cube, coûteront.		7f,15	
Le dalot coûtera.		32f,95	32f,95

§ IV.

PONCEAU.

Ponceau de trois mètres d'ouverture.

Détail pour ce ponceau.

Radier.		
0,60 × 5 × 2,25 = ...	6m.c.,750	
Culées et voûte mesurées tant plein que		
A reporter	6m.c.,750	1522f,09

Report	6m.c.,750	1522f,09
vide, mais sans tenir compte à l'entrepreneur des cintres qu'il doit fournir.		
2 × 1,67 × 2,24 × 2,25 = ...	18m.c.,675	
Murs en retour.		
4 × 0,80 × 2,05 × 1 = ...	6, 560	
Plinthes.		
2 × 0,25 × 0,60 × 2,25 = ...	0, 676	
Total des cubes.	32m.c.,661	
Ces 32m.c.,661 à raison de 4f,00 l'un coûteront		130f,64
		1652f,73

§ V.

D'après ce détail estimatif la dépense totale de la route de la forêt de Lyris s'élèvera à la somme de 1652f,73.

ADMINISTRATION DES FORÊTS.

ROUTES FORESTIÈRES.

(Inspection de Fraize)

CHEMINS DE VIDANGE A EXÉCUTER POUR DESSERVIR LA ROUTE FORESTIÈRE DE LA FORÊT DE LYRIS.

MÉMOIRE

A L'APPUI DU PROJET DONT LES DEVIS PRÉCÈDENT.

MÉMOIRE A L'APPUI.

Housseramont et Lyris ne forment qu'une même forêt de l'étendue de 441 hect. 16 ares, divisée en deux séries, par ordonnance royale du 5 juin 1835. La 1re série se compose des cantons du Scellet, du Roulier et de Lyris; la 2e de ceux des Gandes, Grande-Voie et Roche-le-Loup ; la série dont nous nous sommes occupés, c'est-à-dire la première, renferme 200 hect. ; 1500st,00 est le chiffre de la possibilité pour les deux séries. Comme ce chiffre ne peut aller qu'en croissant par la suite, admettons que le produit annuel de la 1re série, qui du reste est la plus belle, monte à 1000st,00.

Le bois a fort peu de valeur sur place, en raison des difficultés de la vidange. Le bois de chauffage (sapin) vaut 1f,25 à 1f,50, la planche 40 à 50c.

Dans les circonstances actuelles, le tiers des produits environ est affecté au chauffage et les 2/3 à l'industrie. Mais quand la vidange sera plus facile, le bois de feu ne comprendra tout au plus que le quart des produits. Le reste sera consacré à l'industrie et à la construction. Pour rester au-dessous du chiffre véritable, représentant l'économie annuelle, supposons qu'il ne soit considéré que deux sortes de bois : le bois de feu et le bois d'industrie. Au dire des agents de la localité, si des chemins faciles étaient ouverts, la valeur des bois serait augmentée d'un quart.

Nous pouvons poser 9 fr. pour le stère d'industrie ou de sciage ; en effet, le prix moyen de la planche est de $0^f,45$ dans la localité ; d'après le tarif de l'administration, le 100 de planches vaut 5 stères et coûte par conséquent $45^f,00$. Donc 1 stère coûte $9^f,00$.

Le quart de $7100^f,00$, somme qui représente les produits actuels en argent est $1775^f,00$.

Donc il y aurait chaque année un bénéfice de $1775^f,00$.

Comparons cette somme aux dépenses, par lesquelles on l'obtiendrait :

Le devis fait voir que la dépense d'exécution du chemin s'élèverait à $1652^f,75^c$.

Ce capital serait représenté par une somme de $82^f,63$.

En second lieu, si nous connaissons ce que coûterait l'entretien annuel, en l'ajoutant à cette rente, nous aurions la dépense annuelle totale, qui serait la conséquence de la confection des travaux projetés.

Nous pouvons déjà remarquer que les matériaux étant sur place dans toute la longueur des tracés, ne coûteraient au garde terrassier, faisant office de cantonnier, que la peine de les ramasser ; nous n'avons donc à nous occuper que de la main-d'œuvre pour le cassage et l'emploi.

Or l'expérience, dit M. l'ingénieur Berthaut, apprend que : « Malgré l'incertitude qui naît du nombre et de la variabilité des éléments du calcul, on peut établir moyennement qu'un ouvrier et demi par lieue et pour chaque centaine de colliers doit suffire, en général, à tous les ouvrages qu'exige l'entretien, cassage compris. »

Pour appliquer ce résultat de l'expérience, deux données

nous sont nécessaires : la longueur de la route en kilomètres, et le chiffre de la fréquentation. Nous connaissons la première ; elle est de 1 kilom. à très-peu de chose près. Nous allons calculer la seconde.

Nous savons que les produits en bois s'élèvent à 1000st par an.

Admettons, pour ne pas exagérer, que la force des chevaux du pays ne leur permette pas de tirer plus de 2st,50 par collier, il s'ensuit qu'il passerait annuellement 400 colliers tirant des voitures chargées et qui seraient déjà venues à vide. En comptant donc les voitures à vide pour un demi-collier, la fréquentation totale sera représentée par 600 colliers; donc la fréquentation journalière sera 1 *collier,* 67; admettons en deux.

En partant de ces données, attendu que les travaux de réparation sont à peu près en raison composée des longueurs des tracés et des nombres de colliers, et en admettant que le cantonnier terrassier coûte à l'Etat 500^{f},00 par an, l'entretien ne s'élèverait qu'à 5^{f},00, mais vu la distance de cette forêt aux autres forêts du même cantonnement, le garde terrassier perdrait un temps considérable pour s'y transporter le plus souvent possible, en portant à 20^{f},00 le prix de l'entretien, nous croyons ne pas être au-dessous de la vérité.

D'après cela, la dépense causée par l'exécution de la route serait représentée par une somme annuelle de 102^{f},63^{c}.

Mais l'économie annuelle sur les transports a été trouvée de 1775^{f},00.

Donc le boni annuel doit être estimé à 1672^{f},37^{c}.

Cette somme capitalisée à 5 p. 00, correspond à 33447^{f},40^{c}.

Cette appréciation numérique est au-dessous de la vérité; en effet, il est évident que, quand la vidange sera rendue facile, les pièces de bois propres à la charpente que fournit en abondance la forêt de Lyris, ne seront plus converties en planches, et qu'elles acquerront une plus grande valeur.

D'ailleurs, il est bien démontré que les bonnes routes ont pour résultat immédiat la suppression d'une multitude de faux chemins, qui, sillonnant la forêt dans tous les sens, nuisent au repeuplement et causent des dégradations aux bois sur pied, et dont la surface compense et au delà celle qui serait occupée par les nouvelles voies. En outre, la surveillance devient plus facile, les délais de vidanges moins fréquents, et enfin, lorsque les lignes de communication sont bien arrêtées, on peut établir définitivement les coupes conformément aux règles d'assiette.

D'après toutes ces considérations, nous pensons qu'il y aurait avantage, à tous égards, à exécuter le chemin de vidange dont le projet précède.

ADMINISTRATION DES FORÊTS.

ROUTES FORESTIÈRES.

FORÊT DE ROUGIMONT.

(Inspection de Fraize.)

CHEMIN DE VIDANGE PROJETÉ ET TRACÉ POUR DESSERVIR LE CANTON DE LA DROITE DU BEILLARD,

PAR MM. LES ÉLÈVES

DUMANOIR, NICOD, JAMMES, LAROCHE ET PALENGAT.

DEVIS GÉNÉRAL.

CHAPITRE PREMIER.

Devis descriptif du chemin de vidange à établir dans la forêt royale de Rougimont (droite du Belliard.)

§ Ier.

Dispositions générales.

Le chemin de vidange à exécuter dans la forêt royale de Rougimont doit en conduire les produits, soit vers Gérardmer, soit vers les scieries du Beillard, pour de là être dirigés sur Epinal et Remiremont. Cette forêt a environ 5 kilomètres de longueur, elle est exposée au midi. Ses chemins sont trop rapides pour être entretenus, et ils offrent pour le transport des bois de grandes difficultés. Le chemin qu'il faudrait leur substituer partirait d'un peu au-dessous des coupes actuelles, descendrait d'un côté sur les bords du lac de Gérardmer, et de l'autre aboutirait sur le chemin de grande communication de Gérardmer à Epinal, à peu de distance des scieries du Beillard.

Les produits annuels de la forêt sont estimés à :

Industrie....................	1,100st,00
Chauffage..................	700st,00
Total.............	1,800st,00

§ II.

Article 1er. *Corps de route.* Le n° 1 du tracé qui descend vers Gérardmer a été fixé au-dessous du mur inférieur de clôture de l'enclave des *Launards*. Ce point a été marqué par un blanchi sur un épicéa. Il est d'ailleurs placé à 30m,00 de l'angle est de la ferme. Un premier tracé descend de cette position en longeant d'abord le mur de l'enclave, passe à l'extrémité inférieure de celle-ci et continue avec une pente qui ne dépasse pas 0m,075, le long du coteau jusqu'au chemin qui borde le lac, au point de jonction de la forêt royale et de la forêt communale, avec un développement de 1,367m,10 du point 1 au point 56. Du point 32 au point 53, des sources jaillissantes exigeront l'établissement de 3 dalots de 0m,50 de hauteur sur 0m,50 de largeur. Le terrain d'ailleurs n'offre pas de difficultés sérieuses dans tout ce parcours.

Un second cheminement partant du point 1, avec une pente douce, s'élève jusqu'au point 20, où il atteint sa hauteur maximum. Le point 20 a été jugé assez élevé pour que le chemin puisse desservir convenablement les coupes qui restent à exploiter. Le tracé au point 20 devient horizontal sur une étendue, seulement de 38m,80, et il redescend de là avec une pente de 0m,065 à 0m,075, pour venir aboutir au chemin vicinal d'Epinal à Gérardmer, vis-à-vis les scieries du Beillard, par une dernière portée de 191m,00 et avec une pente de 0m,047.

En outre du point 35 au point 36, on a cheminé horizontalement, afin d'éviter des obstacles que présente le terrain.

Nous avons jugé nécessaire l'établissement de deux dalots, l'un entre les points 32 et 33, et l'autre de 29 à 30 et chacun de $0^{m},80$ de largeur, sur $0^{m},80$ de hauteur.

Cette seconde partie du tracé depuis le point 1 des *Launards*, présente plus de difficultés d'exécution que la première. Du point 22 au point 88, on passe constamment à travers un meurger ou amas de grosses pierres détachées et qui même, du point 75 au point 77, sont assez grosses, pour exiger l'emploi de la poudre.

Ce second cheminement a une étendue de $3,086^{m},37$. Partout l'axe de la route est à mi-côte.

Le chemin à tracer dans Rougimont aurait donc en tout un développement de $4,363^{m}$, 47.

(Quant à l'axe du chemin, au profil en long et aux profils en travers, voyez le devis du chemin de l'Envers-du-Rupt, page 15).

§ III.

Calepin de cheminement, vers Gérardmer, exécutée à l'éclimètre, pour le tracé du chemin de vidange de la forêt royal de Rougimont.

STATIONS	POINTS visés.	DISTANCES horizontales.	ANGLES méridiens.	PENTE par mètre.	COTES de nivellet.	OBSERVATIONS prises sur le terrain.
		m	o	m	m	
1	2	39,40	234,00	0,065	2,53	Point de départ à 35 mètres au-dessous du toit de la maison de l'enclave des Lounards, embranchement descendant vers Gérardmer avec une pente de 0m,065 jusqu'au point 40.
2	3	21,00	239,40	0,065	3,89	
3	4	21,20	238,30	0,065	5,25	
4	5	29,80	228,45	0,065	7,15	
5	6	25,70	223,50	0,065	8,75	
6	7	25,80	229,40	0,065	10,37	
7	8	21,90	216,40	0,065	11,73	
8	9	23,80	217,00	0,065	13,22	
9	10	29,50	217,20	0,065	15,10	
10	11	31,80	224,20	0,065	17,11	
11	12	23,80	224,00	0,065	18,60	
12	13	22,50	220,00	0,065	20,03	
13	14	50,00	217,30	0,065	23,28	
14	15	34,50	214,30	0,065	25,49	
15	16	25,00	219,40	0,065	27,11	

STATIONS.	POINTS visés.	DISTANCES horizontales.	ANGLES méridiens.	PENTE par mètre.	COTES de nivellet.	OBSERVATIONS prises sur le terrain.
16	17	24,60	210,30	0,065	28,67	
17	18	27,60	224,30	0,065	30,42	
18	19	29,60	198,40	0,065	32,30	
19	20	18,00	225,30	0,065	33,47	
20	21	25,90	209,00	0,065	35,09	
21	22	29,00	222,30	0,065	36,97	
22	23	41,30	226,00	0,065	39,63	
23	24	23,60	229,00	0,065	41,12	
24	25	30,60	237,30	0,065	43,07	
25	26	22,80	246,00	0,065	44,50	
26	27	18,40	256,00	0,065	45,67	
27	28	13,80	260,30	0,065	46,51	
28	29	18,80	258,30	0,065	47,68	
29	30	20,40	261,00	0,065	48,98	
30	31	14,40	260,00	0,065	49,89	
31	32	29,50	268,30	0,065	51,77	
32	33	38,60	272,00	0,065	54,24	
33	34	25,40	255,15	0,065	55,86	
34	35	19,90	253,00	0,065	57,09	
35	36	20,00	247,00	0,065	58,39	
36	37	13,00	245,30	0,065	59,23	
37	38	22,40	254,30	0,065	60,66	
38	39	33,50	242,30	0,065	62,80	
39	40	20,40	229,30	0,065	64,20	
40	41	22,90	231,30	0,065	65,53	(3 juin 1845), cheminement sous l'angle constant de 4m,75 pente de 0m,075.

STA-TIONS.	POINTS visés.	DISTANCES horizon-tales.	ANGLES méri. diens.	PENTE par mètre.	COTES de nivellet.	OBSERVATIONS prises sur le terrain.
41	42	19,60	241,30	0,075	66,95	
42	43	20,10	236,30	0,075	68,45	
43	44	12,10	225,00	0,075	69,35	
44	45	20,80	238,30	0,075	70,85	
45	46	28,00	234,30	0,075	72,95	
46	47	21,80	230,00	0,075	74,52	
47	48	21,60	232,30	0,075	76,09	
48	49	20,00	220,30	0,075	77,59	
49	50	17,80	226,40	0,075	78,86	
50	51	26,20	217,00	0,075	80,81	
51	52	15,80	224,00	0,075	81,93	
52	53	11,60	211,30	0,065	82,68	Cheminement sous l'angle constant de dépression de 4g,15 pente de $0^m,065$, jusqu'au point d'arrivée.
53	54	18,80	224,00	0,065	83,90	
54	55	23,80	231,00	0,065	86,05	
55	56	44,30	243,00	0,065	88,93	Point d'arrivée sur la route qui borde le lac, du côte de Gérardmer.

Cheminement vers les scieries du Belliard.

STATIONS.	POINTS visés.	DISTANCES horizontales.	ANGLES méridiens.	PENTE par mètre.	COTES de nivellet.	OBSERVATIONS prises sur le terrain.
		m	o	m	m	
1	2	33,00	49,30	0,06	1,98	La route monte jusqu'au dessous de la coupe actuellement en exploitation pour descendre ensuite vers les scieries du Beillard. Le point 4 est un point nécessaire.
2	3	44,20	59,30	0,013	1,40	
3	4	23,00	63,00	0,046	0,34	
4	5	27,20	51,00	0,065	2,11	
5	6	25,00	50,30	0,065	3,73	
6	7	35,60	47,00	0,065	6,04	
7	8	33,00	50,30	0,065	8,19	
8	9	34,80	60,30	0,065	10,45	
9	10	32,50	54,00	0,065	12,57	
10	11	25,00	50,00	0,065	14,20	
11	12	27,00	53,00	0,065	15,95	
12	13	26,00	49,40	0,065	17,66	
13	14	21,00	50,30	0,065	19,02	
14	15	28,20	54,00	0,065	20,85	
15	16	13,00	50,30	0,065	21,69	
16	17	17,60	52,30	0,065	22,84	
17	18	11,60	51,00	0,065	23,59	
18	19	10,00	52,00	0,065	24,24	
19	20	20,50	49,00	0,065	25,57	
20	21	17,80	69,30	0,00	25,57	

STATIONS.	POINTS visés.	DISTANCES horizontales.	ANGLES méridiens.	PENTE par mètre.	COTES de nivellet.	OBSERVATIONS prises sur les terrains.
21	22	21,00	62,30	0,00	25,57	
22	23	17,20	70,15	0,65	24,46	Descente vers les scieries du Beillard avec la pente de 0m,065.
23	24	13,80	74,00	0,65	23,57	
24	25	14,40	73,00	0,65	22,63	
25	26	13,80	68,30	0,65	21,73	
26	27	24,60	68,00	0,65	20,13	
27	28	14,20	59,00	0,65	19,31	
28	29	16,30	55,30	0,65	18,25	
29	30	38,00	61,15	0,65	15,78	
30	31	24,80	70,00	0,65	14,17	
31	32	29,20	63,50	0,75	11,98	
32	33	24,00	67,30	0,75	10,18	
33	34	30,40	71,00	0,75	7,90	
34	35	27,60	83,00	0,75	5,83	
35	36	30,20	74,00	0,00	5,83	
36	37	43,00	75,15	0,75	2,60	
37	38	42,00	82,00	0,75	0,54	
38	39	57,80	86,15	0,75	4,87	
39	40	28,20	112,30	0,75	6,98	
40	41	18,90	101,30	0,75	8,40	
41	42	26,20	92,00	0,75	10,36	
42	43	31,80	88,30	0,75	12,75	
43	44	34,80	77,00	0,00	12,75	
44	45	15,80	80,30	0,075	13,93	Croisement du chemin Charlot, qui dessert maintenant les coupes de la partie supérieure du canton de la droite du Beillard.
45	46	21,80	77,00	0,075	15,57	

STATIONS.	POINTS visés.	DISTANCES horizontales.	ANGLES méridiens.	PENTE par mètre.	COTES de nivellet.	OBSERVATIONS prises sur le terrain.
46	47	12,80	81,30	0,075	16,53	
47	48	30,30	76,00	0,075	18,80	
48	49	32,50	63,00	0,075	21,24	
49	50	19,60	60,30	0,075	22,75	
50	51	30,80	64,00	0,075	25,02	
51	52	37,00	59,00	0,075	27,80	
52	53	27,60	67,30	0,075	29,87	
53	54	33,00	66,00	0,075	32,34	
54	55	28,20	63,45	0,075	34,53	
55	56	19,00	49,30	0,075	35,95	
56	57	28,50	54,00	0,070	37,95	Pente de 0m,070.
57	58	26,60	52,15	0,070	39,81	
58	59	17,80	53,30	0,070	41,06	
59	60	28,80	51,00	0,070	43,07	
60	61	36,30	59,30	0,070	45,61	
61	62	40,20	42,45	0,070	48,43	
62	63	39,40	51,00	0,070	51,19	
63	64	29,20	49,30	0,070	53,23	
64	65	40,00	50,00	0,070	56,03	
65	66	50,80	56,45	0,065	59,33	Pente de 0m,065.
66	67	40,00	59,00	0,065	61,93	
67	68	40,00	74,30	0,065	64,53	
68	69	66,20	75,30	0,065	68,84	
69	70	89,20	75,30	0,065	74,63	
70	71	62,00	76,30	0,065	78,66	

STATIONS.	POINTS visés.	DISTANCES horizontales.	ANGLES méridiens.	PENTE par mètre	COTES de nivellet.	OBSERVATIONS prises sur le terrain.
71	72	42,20	69,30	0,065	81,41	
72	73	44,40	69,00	0,065	84,29	
73	74	65,00	67,30	0,075	89,16	Pente de 0,m075.
74	75	26,40	84,30	0,075	91,14	
75	76	32,60	71,00	0,075	93,58	
76	77	26,00	67,00	0,075	95,53	
77	78	40,20	62,30	0,075	98,54	
78	79	24,80	60,00	0,075	100,40	
79	80	41,20	74,30	0,075	103,49	
80	81	41,80	73,00	0,075	105,63	
81	82	32,60	70,00	0,075	108,07	
82	83	61,80	73,30	0,075	112,71	
83	84	43,40	69,30	0,075	115,96	
84	85	32,20	62,00	0,075	118,38	
85	86	42,20	51,00	0,075	121,54	
86	87	33,80	56,00	0,075	124,08	
87	88	18,20	49,30	0,075	125,44	
88	89	42,40	57,30	0,075	128,82	
89	90	45,60	75,00	0,075	132,24	
90	91	25,00	72,30	0,075	134,12	
91	92	54,80	81,00	0,075	138,23	
92	93	191,00	82,00	0,047	147,23	Point d'arrivée sur le chemin de Gérardmer à Epinal, vis-à-vis les scieries, dernière partie de 191m,00 à la pente de 0m,047.

§ IV.

DALOT.

Les dalots que nous avons projetés doivent servir à l'écoulement des eaux qui jaillissent par petites sources du flanc de la montagne ; il faudra donc pour préserver, autant que possible, le corps de la route de l'humidité, conduire d'adord dans le fossé, au moyen de saignées, les eaux qui, sortant çà et là, produisent un terrain marécageux.

Radier. — On devra veiller à ce qu'il soit construit en larges pierres plates, provenant de la fente des blocs de roche, et ayant au moins $0^{m},60$ de longueur, sur $0^{m}, 30$ d'épaisseur.

Culées. — Elles seront de même construites en moellons, provenant de la fente des blocs, et d'une épaisseur d'au moins $0^{m},40$.

Dalles. — Elles se joindront le plus régulièrement possible, et devront avoir au moins $1^{m},20$ de longueur et $0^{m},30$ d'épaisseur.

§ V.

Mode d'exécution des travaux. (Voir la page 23.)

CHAPITRE II.

Bordereau ou analyse des prix.

(Voir le même chapitre, dans le travail de la section de l'Envers-du-Rupt, page 25.)

CHAPITRE III.

Devis estimatif.

La largeur de la route, fixée à $2^m,50$, nécessite la construction de quelques gares, c'est-à-dire l'élargissement sur quelques points, principalement aux tournants de la chaussée qui y atteindra 4 mètres de largeur, et viendra se raccorder, en ne gardant plus que la largeur de $2^m,50$. 50 mètres étant la longueur convenable pour chaque gare, nous admettrons que le mètre courant coûte, sur cette longueur, le double du prix fixé pour le reste de la route, et que l'établissement de 10 gares soit nécessaire, notre devis se divisera donc en deux articles pour les terrassements.

Terrassements.

La longueur sur l'axe de.	3863^m,47	
A raison de 1^f,08 le mètre courant. . .		4172^f,54
La longueur de.	500^m,00	
A raison de 2^f,16 le mètre courant. . .		1080, 00
Total		5252^f,54

Dalots de 0^m,50.

Radier. — 1^m,50 × 0,25 × 2,50. . . .	0$^{m.c}$,94		
Culées. — 0^m,40 × 0,50 × 2,50 × 2 .	1, 00		
Total.	1$^{m.c}$,94		
1$^{m.c}$,94 à raison de 4^f,00 le mètre cube.		7^f,76	
Dalles. — 1^m,00 × 0,50 × 2.	0$^{m.c}$,60		
A raison de 11^f,34 le mètre cube . . .		6, 80	
Total.		14^f,56	
Trois dalots		43^f,68	43^f,68

Dalots de 0^m,80.

Radier. — 2^m,50 × 2 × 0,25	1$^{m.c}$,25		
Culées. — 0^m,80 × 0,50 × 2,50 × 2 .	2, 00		
Total	3$^{m.c}$,25		
3$^{m.c}$,25 à raison de 4^f,00 le mètre cube.		13^f,00	
Dalles 1^m,60 × 2^m,50 × 0,30	1$^{m.c}$,20		
1$^{m.c}$,20 à raison de 11^f,34 le mètre cube.		13, 60	
Total		26^f,60	
Deux dalots.		53^f,20	53^f,20
Total général. . .			5349^f,42

ADMINISTRATION DES FORETS.

ROUTES FORESTIÈRES.

CHEMIN DE VIDANGE PROJETÉ ET TRACÉ POUR DESSERVIR LE CANTON DE LA DROITE DU BEILLARD.

MÉMOIRE

A L'APPUI DU PROJET DONT LES DEVIS PRÉCÈDENT.

MÉMOIRE A L'APPUI.

Le canton de la droite du Beillard (forêt domaniale de Rougimont), dont les produits sont considérables, tant en bois d'industrie qu'en bois de feu, n'est traversé que par un seul chemin en très-mauvais état, dit *Chemin Charlot*. Les pentes rapides sur certains points ne permettent l'extraction des fortes pièces de construction qu'à grands frais ; la plupart du temps, elles sont lancées sur la pente de la montagne et dévastent les peuplements inférieurs. D'un tel état de choses résultent, et le mauvais état de la forêt et la perte d'un revenu considérable, tant par l'abandon forcé de nombreux arbres morts, que par la diminution de valeur des bois sur pied, faute de moyens commodes d'extraction. La route projetée, et décrite plus haut, doit faire cesser tous ces inconvénients, en réalisant un bénéfice pour le trésor, et des avantages considérables pour la conservation et l'amélioration de la forêt. Pour ce double motif, son exécution est donc à souhaiter dans le plus court délai. Les avantages pécuniaires de cette construction ressortiront mieux des documents précis qui suivent.

La possibilité du canton, formant une série d'exploitation, est fixée à 1800st.,00, dont 700 pour chauffage, 1100 pour l'industrie. D'après les renseignements fournis par M. le garde général, les augmentations de valeur des bois sur pied seraient de

1f,50 par stère de bois d'industrie,

0f,50 par stère de bois de chauffage.

Le revenu annuel en argent serait donc augmenté de 2000f,00, rente qui correspond à un capital de 40,000f,00.

Les frais d'établissement se composent de ceux de construction portés au devis estimatif et de ceux d'entretien.

Or, d'après M. Berthaut, un ouvrier et demi par lieue et par centaine de colliers, suffit à l'entretien, cassage compris. Or, chaque année, 700 stères de bois de chauffage et 1100 stères de bois d'industrie passeront par ce chemin, et si nous supposons que la charge d'un chariot soit de 2st.,50 de chauffage, le nombre des voyages pour aller et venir, ou le nombre de colliers de la fréquentation journalière, sera de 3colliers,00.

Nous avons 4363m,47 de route, un demi ouvrier suffirait donc encore largement à l'entretien; nous compterons donc 250f,00 par an d'entretien, et l'établissement total de la route reviendra

1° Frais de construction....	5349f,42.
2° Capital d'entretien......	5000, 00.
Frais totaux.............	10349f, 42.

L'Etat placerait donc ici ses capitaux à environ 30 p. 0/0, indépendamment des autres avantages réalisés par l'existence d'un chemin d'une fréquentation facile, et sur lesquels il est inutile de revenir de nouveau.

FIN.

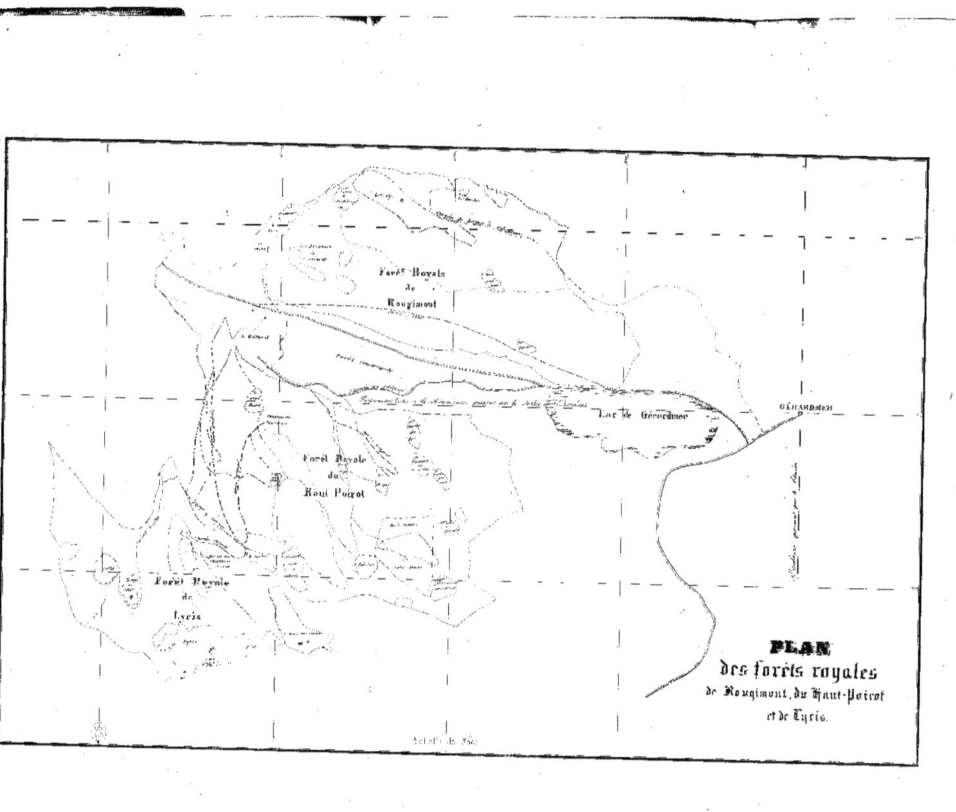
Forêt Royale
de
Rougimont
Lac de Géroudmer
GÉRARDMER
Forêt Royale
du
Haut Poirot
Forêt Royale
de
Lyris
PLAN
des forêts royales
de Rougimont, du Haut-Poirot
et de Lyris.

www.ingramcontent.com/pod-product-compliance
Lightning Source LLC
LaVergne TN
LVHW020030170826
845678LV00001B/200